À plus ! 3

Carnet d'activités

Französisch für Gymnasien

À plus ! 3 Carnet d'activités mit CD-ROM

im Auftrag des Verlages erarbeitet von
Catherine Jorißen

und der Redaktion Französisch
Marie-France Lavielle, Dr. Yvonne Petter
Anne Lapanouse, Gabriela Alonso (Assistenz)

Gesamtgestaltung: Regelindis Westphal
Illustrationen: Laurent Lalo
Technische Umsetzung: Satzinform, Berlin

CD-ROM
Autorin: Catherine Jorissen
Redaktion: Sophie Ortiz-Vobis, Steffi Weinert
Redaktionelle Mitarbeit: Carola David
Projektkoordination: Nikola Ulrich
Projektmitarbeit: Kathrin Benmeziane

Systemvoraussetzungen
Windows®-PC ab 400 MHz
Arbeitsspeicher min. 128 MByte
Freier Festplattenplatz ca. 360 MByte
Bildschirmauflösung 800 x 600
Farbtiefe mindestens High Color
16-Bit-Soundkarte, Mikrofon
CD-ROM-Laufwerk (min. 8-fach)
Windows® 2000+SP4, XP, Vista, 7, 8
Ab DirectX8.1

Achte auf diese Zeichen:
○ leichtere Übung
● anspruchsvollere Übung
Wenn du bei einer ● Übung Schwierigkeiten hast, mache zuerst die ○ Übung. Anschließend kannst du die ● Übung sicherlich problemlos bearbeiten.

Bildquellen: © Collection Christophel, S. 51–52 – Corbis: © Bartruff, S. 69 (2. Reihe links); © Cox, S. 72; © Kaehler, S. 69 (3. Reihe Mitte); © Lynn, S. 48 (1. von rechts); © Royalty-Free, S. 69 (2. Reihe Mitte); © Souders, S. 5 (unten rechts); Corbis Sygma: © Lacassagne, S. 9 (2. Reihe Mitte rechts); Corbis/zefa: © Mehlig, S. 48 (2. von rechts) – © Cornelsen, Belfis, S. 48 (Mitte); Schulz, S. 47 – © Delaunay, Robert, S. 15 (unten) – © Dunnigan, Pierre, S. 69 (oben rechts), S. 69 (unten rechts), S. 69 (1. Reihe rechts), S. 69 (3. Reihe links), S. 73, S. 76 (unten), S. 76 (oben) – © Jerrican, S. 46 – © Kooreman, Jan, S. 48 (1. von links) – © laif/REA, S. 9 (1. Reihe Mitte unten), S. 39; laif/REA: © Denis, S. 9 (2. Reihe rechts u. Mitte links); laif: © Heeb, S. 9 (1. Reihe Mitte oben); laif/REA: © Sittler, S. 9 (2. Reihe links) – © Le Québec en images, CCDMD: © Plante, S. 69 (1. Reihe links) – © Éditions Lucky comic, La belle Province, 2004. S. 75 – Picture Alliance/dpa – Zentralbild Report: © Wüstneck, S. 48 (2. von links); Picture-Alliance/Okapia: © Francis, S. 69 (1. Reihe Mitte) – © Ministère des Affaires Étrangères, Images de France, édition 2003, S. 9 (1. Reihe links) – Sipa press: © Alfred, S. 38 (6); © Durand, S. 38 (4); © Fautre, S. 9 (1. Reihe rechts); © Simon, S. 38 (7); © Zaz/Etoiles, S. 28 – Studio X: © Gamma, S. 38 (1, 2, 3, 5)

Umschlagfotos: © Cornelsen, Schulz (oben), © laif: © Ebert (unten)

---

www.cornelsen.de

1. Auflage, 10. Druck 2014

Alle Drucke dieser Ausgabe sind inhaltlich unverändert und können im Unterricht nebeneinander verwendet werden.

© 2006 Cornelsen Verlag, Berlin
© 2013 Cornelsen Schulverlage GmbH, Berlin

Das Werk und seine Teile sind urheberrechtlich geschützt.
Jede Nutzung in anderen als den gesetzlich zugelassenen Fällen bedarf der vorherigen schriftlichen Einwilligung des Verlages.
Hinweis zu den §§ 46, 52 a UrhG: Weder das Werk noch seine Teile dürfen ohne eine solche Einwilligung eingescannt und in ein Netzwerk eingestellt oder sonst öffentlich zugänglich gemacht werden.
Das gilt auch für Intranets von Schulen und sonstigen Bildungseinrichtungen.

Druck: Parzeller print & media GmbH & Co. KG, Fulda

ISBN 978-3-464-22085-6

PEFC zertifiziert
Dieses Produkt stammt aus nachhaltig bewirtschafteten Wäldern und kontrollierten Quellen.
www.pefc.de

Bonjour, tout le monde!

1 **Les accents et la ponctuation**

a *Retrouve le texte du message et écris-le. Ajoute les accents où il faut et n'oublie pas la ponctuation.* Vergiss die Interpunktion nicht!

CHEREMATHILDECOMMENTVASTUMOIJAIPASSEDES
VACANCESFORMIDABLESACASSISSURLACOTEDAZU
RCETAITTROPCOOLILAFAITTRESBEAUPENDANTLEST
ROISSEMAINESDEVACANCESQUELLECHANCEONATR
OUVEUNEPLAGESUPERETJAIBEAUCOUPNAGE
JAITROUVEDESCOPAINSSYMPAJESUISRENTREHIER
APARISOUILPLEUTCESTLHORREURABIENTOTPIERRE

_____

_____

_____

_____

_____

b *Écris, dans ton cahier, un message comme en* **a** *pour ton voisin / ta voisine.*

2 **Qu'est-ce qu'on dit?**

C'est mercredi. Charlotte fait un tour en ville avec une copine. Formule les réponses de Charlotte.

1. *Copine:* Qu'est-ce que tu veux faire?

   Charlotte: (Das ist ihr egal.)

   _____

2. *Copine:* Tu as vu l'affiche? Il y a un match de boxe, samedi. Cool!

   Charlotte: (Sie hasst das Boxen. Das macht ihr Angst.)

   _____

   _____

3. *Copine:* Regarde ce pull dans la vitrine, il est super!

   Charlotte: (Sie findet ihn auch schön. Grün ist ihre Lieblingsfarbe. Jedoch ist er zu teuer.)

_____

_____

4. *Copine:* On va au Jardin des plantes?

   Charlotte: (Sie sagt, dass es zu windig ist und gleich regnet.)

   _____

   _____

5. *Copine:* Bon, ben, on rentre alors.

   Charlotte: (Sie schlägt vor, zu ihr zu gehen, um ihre neue CD zu hören.)

   _____

   _____

   _____

3 Le vocabulaire

a *Choisis un thème et trouve le plus de mots possible.* Finde so viele Wörter wie möglich. (→ Liste alphabétique, p. 188)

la rentrée: l'école, les copains, la récréation, les devoirs, apprendre, _____

_____

_____

_____

_____

_____

_____

la rentrée	la mer
la ville	la mode
la violence	le sport

b *Écris un petit texte avec tes mots de* **a** *dans ton cahier.*

4 Les adjectifs

Mets les adjectifs à la bonne place et fais attention à l'accord.

2. Et moi, j'aime tes _____ chaussures _____ . (nouveau)

1. Tu as un _____ pantalon _____ . (beau)

3. Alors, tu as passé de _____ vacances _____ ? (bon)

4. Nicolas, c'est le garçon à la _____ chemise _____ . (bleu)

5. M. Dupuy et Mme Roux sont des _____ profs _____ . (intéressant)

6. Tu vois la blonde là-bas? Je ne l'aime pas beaucoup, mais c'est une _____ fille _____ . (courageux)

5 Le passé composé

a Lis la carte de Justine à sa copine.

b Elle raconte ses vacances dans son journal. Utilise le passé composé.
(→ Les verbes, p. 138)

La Baule, le 20 juillet 2005
Coucou!
Je passe des vacances formidables à La Baule avec ma sœur et mes parents. Je fais beaucoup de choses: Je vais à la plage, je nage, je fais du bateau, je lis des livres de Jules Verne. Avec mes parents et ma sœur, nous faisons des excursions. Nous allons à Nantes, nous voyons des choses très intéressantes. Nous rentrons à Lyon le 30 juillet.
Grosses bises,
Justine

Lyon, le 10 août 2005

J'ai passé des vacances

6 Regarde les dessins, imagine l'histoire et raconte-la dans ton cahier.

UNITÉ 1 À Paris

■ Approches

1 *Où est-ce qu'ils sont allés? Utilise en, au ou aux et le nom du pays.* (→ Repères, p. 22/3)

Elle est allée _____   _____   _____

_____   _____   _____

2 *Présente les personnes.* (→ Repères, p. 22/3)

Utilise:
être de/du/des ___
habiter à/au(x)/en/ près de ___
venir de/du/des ___

1. Svenja et Annegret
   Allemagne
   Ismaning
   Munich

2. M. et Mme Grote
   Pays-Bas
   Amsterdam

6 _____ Approches

3. Paola
Italie
Rome

4. Ahmed et Faïza
Tunisie
Tunis

5. M. Martin
Poissy
(banlieue de Paris)

6. Les Vignaud
Tadoussac
Québec

7. *Imagine.*

1. _____
2. _____
3. _____
4. _____
5. _____
6. _____
7. _____

3 *Est-ce que tu es déjà allé(e) à Paris? Si oui, qu'est-ce que tu as déjà visité/vu? Si non, qu'est-ce que tu voudrais voir/visiter?*

Approches — 7

SÉQUENCE 1

DELF **1** *Vrai ou faux? Corrige les phrases fausses dans ton cahier.* (→ Texte, p. 12–13)

	vrai	faux
1. Marion et Romain ont fait la connaissance de Tim et Antonia à Paris-Plage.	☐	☐
2. Tim vient des Pays-Bas, mais il vit à Paris depuis quatre ans.	☐	☐
3. Il est dans le même collège que sa copine Antonia.	☐	☐
4. À Paris-Plage, on peut faire beaucoup de choses: bronzer, jouer au ballon, se baigner dans la Seine.	☐	☐
5. Marion et Romain habitent dans la banlieue parisienne.	☐	☐
6. Saint-Germain-en-Laye est un quartier à l'ouest de Paris.	☐	☐
7. Brandon vient passer une année en France.	☐	☐
8. Pendant les vacances, les quatre jeunes ont fait du patin à glace avec Brandon.	☐	☐
9. À la rentrée, les cinq jeunes sont devenus amis.	☐	☐

2 **a** ⭘ *Complète le tableau.* (→ Repères, p. 23/5)

adverbe	adjectif féminin	adjectif masculin
drôlement	_____	_____
simplement	_____	_____
facilement	_____	_____
longuement	_____	_____
sûrement	_____	_____
dangereusement	_____	_____
malheureusement	_____	_____
gentiment	_____	_____
vraiment	_____	_____
bien	_____	_____

b *Complète les phrases par un adjectif de* **a** *et son adverbe.*

1. Le prof de maths est _____ . Il aide _____ les élèves.

2. Pour Brandon, l'anglais est _____ . Il fait ses devoirs _____ .

3. Le film est _____ , Ils ont _____ il dure* trois heures. discuté du film.

4. Marion, tu es _____ Tim va _____ que Tim va venir? venir.

*__durer__ dauern

3 ● *Complète les phrases avec l'adjectif ou l'adverbe. Fais attention à l'accord de l'adjectif.* (→ Repères, p. 23/5)

dangereux – heureux (2x) – bon (2x) – sale – vrai (2x)

1. Attention, ce sport est _____ .
2. Elle est _____ parce qu'elle va aller à Paris.
3. Il pleut, mais _____ , il y a un bon film à la télé.
4. Est-ce que tu parles _____ français?
5. Cette plage est très _____ . C'est une _____ catastrophe.
6. Tu es _____ sympa, tu sais!
7. Ce poulet est très _____ .

4 *Mercredi dernier, le nouveau «club des cinq» a passé l'après-midi ensemble, à Paris. Regarde ces photos, puis imagine leur après-midi. Écris un petit texte au passé composé dans ton cahier.*

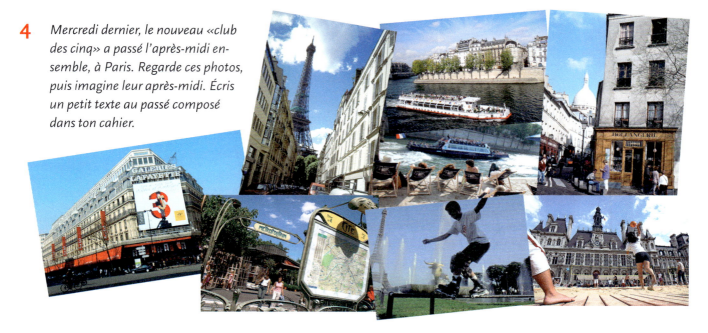

5

Fais le tandem, p. 82.

6 *Complète les phrases par des formes du verbe* vivre. (→ Les verbes, p. 138)

1. Adriana vient d'Espagne, mais elle _____ en France, à Paris.
2. Ses parents aussi _____ en France.
3. – Tu _____ ici depuis longtemps?
4. – Ma famille et moi, nous _____ en France depuis quatre ans.
5. – Vous _____ ensemble?
6. – Pendant deux ans, nous (passé composé) _____ à Perpignan.
7. Maintenant, je _____ à Paris avec mes parents. Ma sœur, elle, est restée là-bas.

SÉQUENCE 1

Réviser: Les prépositions

7 *Complète le texte par les prépositions* à *(4 x)*, au, dans, de *(2 x)*, il y a *ou* pour *(2 x)*.

Tim a rencontré Antonia _____ quatre ans, _____ Saint-Germain-en-Laye. Ils sont devenus

amis et ils font beaucoup de choses ensemble: Ils adorent aller _____ Paris. Ils aiment bien aller

_____ la patinoire _____ la tour Eiffel _____ faire du patin à glace. Ils aiment

aussi aller _____ Centre Pompidou ou _____ Belleville, leur quartier préféré. Belleville, c'est

_____ l'est _____ Paris et c'est un endroit super _____ rencontrer plein de gens.

DELF 8 *Fais l'exercice auditif, p. 89.*

Lecture

DELF 9 *Lis ces résumés des aventures du Club des cinq et réponds aux questions.*

Le Club des 5 contre-attaque

Une nouvelle aventure du Club des cinq ... aussi «formidable» que les autres. Les Cinq sont vraiment inséparables: François et Michel, gais et courageux, l'énergique Claude, garçon manqué[1], la timide Annie qui essaie de se montrer aussi courageuse que ses compagnons. Sans oublier leur chien, le sympathique Dagobert qui, si souvent, a aidé ses jeunes maîtres à triompher des dangers.
Le Club des cinq va se lancer dans de nouvelles aventures. Cette fois[2], il va lutter contre des «trains fantômes»[3] et une bande de voleurs.

Le Club des 5 va camper

Enfin les vacances! De nouveau, les quatre amis et leur chien Dagobert se retrouvent au bord de la mer, à Kernach, et, cette fois, ils décident d'aller camper sur une île déserte[4] située dans la baie[5]. Dans les ruines d'un vieux château, les Cinq vont faire découverte sur découverte: oubliettes[6], grottes et passages souterrains[7]. Les enfants commencent à se poser des questions: Est-ce que cette île est habitée? Mais par qui?

1 **un garçon manqué** ein Mädchen, das sich wie ein Junge verhält
2 **cette fois** diesmal   3 **le train fantôme** der Gespensterzug
4 **désert/e** unbewohnt   5 **la baie** die Bucht   6 **les oubliettes** eine Art
Gefängnis   7 **souterrain/e** unterirdisch

1. Comment s'appellent les membres du Club des cinq? Comment sont-ils? _____

2. Quel livre est-ce que tu choisis? Pourquoi? _____

SÉQUENCE 1

SÉQUENCE 2

DELF 1 *Relis le texte, p. 15 et réponds aux questions.*

1. Qu'est-ce que tu apprends sur Hannah dans ce texte?

2. Que font Marion et Hannah le jour de l'anniversaire de Hannah?

3. Est-ce que Marion a bien choisi son cadeau? Justifie ta réponse.

2 *Complète ces mots-croisés.*
(→ Liste des mots, p. 151)

[1]: C'est un contraire de «mettre».
[2]: C'est un synonyme d'«aller» dans la phrase: «l'avion va vite.»
À Paris, il y a beaucoup de [3].
[4]: Il faut le garder pour sortir du métro.
[5]: C'est un contraire de «facile».
[6]: C'est un contraire de «vite».
Pour bien chanter, il faut avoir une belle [7].
[8]: On le met sur la tête.
Une surprise [9] est une bonne surprise.

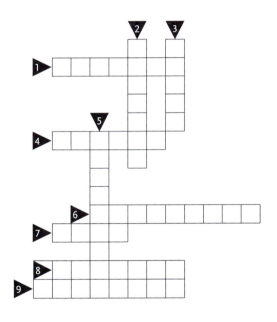

Réviser: Le comparatif de l'adjectif

3 *Pèse le pour et le contre. Forme cinq phrases comme dans l'exemple. Écris dans ton cahier.*

agréable   haut   lent   bon
cher   confortable   long   chaud
intéressant   grand   gentil   facile
courageux   sympa   dangereux
joli   pratique   utile   ___

l'avion – le train
les légumes – les frites
la tour Eiffel – la tour Montparnasse
cet imper – cette veste
cette bédé – ce roman
Cécile – Carine
l'acrobatie – l'athlétisme

Le train, c'est plus lent que l'avion mais c'est plus confortable.

4 *Compare Tim et Brandon. Formule les phrases et utilise le comparatif de l'adverbe.*
(→ Repères, p. 23/6)

Tim
va à la piscine une fois par semaine,
nage vite (100 m en deux minutes),
est resté deux heures à la patinoire,

fait bien du roller,
parle très bien français,
parle assez mal espagnol.

Brandon
va à la piscine deux fois par semaine,
nage vite (100 m en deux minutes),
est resté une heure et demie à la patinoire,
ne fait pas très bien du roller,
parle très bien français
parle assez mal espagnol.

Tim va _____

_____

_____

_____

_____

_____

_____

_____

5 a *Souligne les formes du comparatif de l'adjectif en vert et les formes du comparatif de l'adverbe en orange.*
(→ Repères, p. 23/6)

* **le mouvement** die Bewegung

Pour vous qui rêvez
d'une voiture
plus belle,
plus grande,
plus confortable
et surtout moins chère,

VOICI LA ZOU!

Il n'y a pas de voiture aussi pratique, aussi moderne et aussi élégante que la ZOU.

Avec elle, vous êtes plus sûrs de vos mouvements* et vous allez aussi loin que vous voulez. Vous roulez plus confortablement et surtout plus vite et mieux. Alors n'attendez pas plus longtemps, la Zou est déjà à vous!

b ● *À toi! Fais de la publicité, par exemple pour un vêtement, un livre, un ordinateur ou un vélo. Utilise le comparatif de l'adjectif et le comparatif de l'adverbe. Écris dans ton cahier.*

DELF **6**   *Fais l'exercice auditif, p. 89.*

12 — SÉQUENCE 2

7 *Romain montre Paris à son correspondant Florian. Imagine leur journée.*

_____

_____

_____

_____

_____

_____

_____

_____

_____

_____

La France en direct: Les tickets de métro

DELF **8**   **a** *Lis le texte.*

LES TICKETS
Vous pouvez les acheter dans le métro ou dans les bureaux de tabac. Ils sont valables dans le métro et les bus. Le ticket à l'unité coûte 1,40 €. Achetez plutôt un carnet de dix tickets, plus économique (10,50 €). Vous pouvez aussi acheter la carte Paris Visite (pour deux jours; 12,95 €, zones 1–5 et 16,75 €, zones 1–8), mais comparez les prix: La carte orange* hebdomadaire coûte 15,40 € (zones 1–2), 30,20 € (zones 1–5), 41,70 € (zones 1–8). Elle est souvent moins chère pour bénéficier de trajets illimités en métro et en bus. (Pour la carte orange, il faut une photo d'identité.)

* **la carte orange** Name der Wochen-, Monats- oder Jahreskarte für die öffentlichen Verkehrsmittel in Paris

b *Complète le dialogue.*

Toi: _____

_____

(Du begrüßt die Angestellte und fragst nach einer „carte orange".)

Employée: À la semaine ou au mois?

Toi: _____

_____

(Du bleibst eine Woche in Paris.)

Employée: Combien de zones?

Toi: _____

_____

(Du möchtest überall hin.)

Employée: Tu as une photo d'identité?

Toi: _____

_____

(Du hast eins und gibst es ihr.)

SÉQUENCE 2   13

SÉQUENCE 3

1 Où est-ce que les touristes sont allés? Qu'est-ce qu'ils ont fait? Écris dans ton cahier.

1. Elle est allée au Louvre.

1. Je me suis bien baladée. Cette pyramide moderne devant ce musée, c'est intéressant.

2. Nous y avons acheté une belle bédé de 1955.

3. La technique, c'est fantastique! Ce grand écran est génial! Les enfants ont adoré.

4. On a fait une belle promenade et on a mangé une super glace.

5. On y est allés avec le groupe et après la simulation de vol, on a eu mal au cœur.

6. En plein centre, il y a un endroit avec plein de magasins. Je m'y suis baladé.

7. Je suis allé sur la tombe de Jim Morrison.

8. J'y suis descendu, mais j'ai eu la trouille, alors je suis vite remonté. OUF!

2 **a** Relis le texte, p. 18–19 et note le vocabulaire qu'on utilise quand on parle d'une ville qu'on visite. Fais un tableau dans ton cahier.

verbes et expressions	noms	adjectifs	adverbes
marcher	le moyen de transport	original	lentement

b Anne est à Lyon avec ses parents. Écris maintenant un petit texte dans ton cahier avec des mots de **a**.

3 De quoi est-ce qu'ils parlent? Complète les phrases. (→ Repères, p. 23/8)

J'y vais deux fois par semaine.

J'en suis revenue fatiguée.

On y trouve plein d'informations terribles.

1. Elle va deux fois par semaine _____ .

2. Elle est revenue fatiguée _____ .

3. On trouve plein d'informations terribles _____ .

4. Samedi prochain, il retourne _____ .

5. Il ne sort pas souvent _____ avant 16 heures.

6. Elle est ressortie _____ avec plein de cadeaux.

4 *Complète le dialogue par* en *ou* y. (→ Repères, p. 23/8)

– Ah, te revoilà!* Qu'est-ce que vous avez fait pendant les vacances?

– On a visité Paris, on _____ est revenu hier soir.

– Ça t'a plu, Paris?

– Oui, c'était super, je voudrais _____ retourner.

– Tu as visité le Louvre?

– Moi non, mais ma mère! Elle _____ est allée deux fois: Chaque fois, elle _____ est entrée vers onze heures pour _____ sortir vers six heures. Moi, j'ai fait des trucs plus intéressants avec mon père. On est allés à la Géode …

– Et tu es montée sur la tour Eiffel?

– Mais oui! J'_____ suis montée deux fois.

– Qu'est-ce que tu as fait d'autre?

– Plein de choses. Un jour, on a pris un ballon au parc Citroën. Quand j'_____ suis descendue, je me suis sentie bizarre … Un autre jour, on a fait les magasins. Dans le centre, j'ai découvert un magasin de jeux super et j'_____ suis ressortie avec trois jeux. J'ai dépensé tout mon argent de poche.

* **Ah, te revoilà!** Hier bist du wieder!

SÉQUENCE 3 — 15

▐▐▐▐▐▐▐▐▐ Réviser: Le superlatif de l'adjectif

5 *Connais-tu la France?*

a *Pose les questions et utilise le superlatif. N'oublie pas d'accorder l'adjectif.*

b *Réponds aux questions, coche la bonne case et trouve le mot-clé.*

1. fleuve / long (+) / France?

Quel est le fleuve le plus long de France?

_____

L	la Loire
S	la Seine
T	le Rhône
□

2. ville / grand (+) / Bretagne?

_____

_____

P	Rennes
O	Nantes
N	Brest
□

3. place / célèbre (+) / Paris?

_____

_____

U	la place de l'Étoile
F	la place de la Défense
A	la place des Vosges
□

4. ligne de métro / court (+) / Paris?

_____

_____

T	la 5
V	la 3bis
G	la 7bis
□

5. écrivain / connu (+) / Nantes?

_____

_____

B	Saint Exupéry
J	La Fontaine
R	Jules Verne
□

6. moyen de transport / bon (+) / pour circuler*
à Paris?

_____

_____

R	les jambes
E	le métro
I	le train
□

*circuler sich fortbewegen

6 ○ *Complète les phrases. Utilise le superlatif de l'adverbe.* (→ Repères, p. 23/7)

1. Romain va (souvent/+) _____ possible à la piscine. Il nage (vite/+)

_____ de nous tous.

2. Tim est le meilleur élève de sa classe en allemand. Il parle (bien) _____ de tous.

3. La boxe est le sport qui intéresse (peu) _____ Brandon.

4. Marion nous a (beaucoup) _____ parlé. Pour moi, c'est la fille la plus gentille du club.

5. Antonia joue bien au volley. Elle joue (bien) _____ de nous tous.

7 ● *Complète le texte. Utilise le superlatif de l'adverbe.*
(→ Repères, p. 23/7)

vite   peu   bien   souvent

Tu es dans une grande ville pour deux jours seulement. Tu peux prendre le métro pour pouvoir visiter plein

de choses _____ possible et marcher _____ possible. Mais quand on veut

vraiment visiter une ville, _____ est de marcher _____ possible.

8 *Retrouve l'adjectif, écris-le, puis complète les phrases.*

1. groilani   _____   Ma copine a souvent des idées _____ .

   Elle achète toujours des cadeaux très _____ .

2. altainnertion   _____   Tim va dans une école _____

   avec des profs _____ .

3. gianlé   _____   Jules Verne a écrit des romans _____ .

▮▮▮▮▮▮▮ Lecture

9 *Tu ne connais pas tous les mots, mais tu peux comprendre ce poème.*

L'enfant et la ville

Je t'écris d'une grande ville
Que les gens appellent Paris
J'ai perdu mon pays tranquille
Maint'nant papa travaille ici.

5 Quand j'ai vu toutes les lumières[1]
Les magasins et les autos
Qui roulent la journée entière
J'ai trouvé que c'était très beau.

On habite un appartement
10 Faut monter au cinquième étage
Mais on n'y voit pas pour autant
Le soleil et les nuages.

J'aimerais jouer dans la cour en bas[2]
Malheureusement, maman m'a dit:
15 «Tu sais, les enfants n'y vont pas.
Il paraît que c'est interdit.»

Elle a donc rangé le vélo
Au fond de notre débarras[3]
Et l'on reste toujours là-haut
20 Sauf[4] pour l'école, quand il y en a.

La maîtresse n'est pas gentille
Peut-être qu'elle est fatiguée
Pourtant[5] les garçons et les filles
Ici ne sont pas plus mauvais.

25 Dimanche prochain si[6] je suis sage[7]
Au jardin d'acclimatation[8]
J'irai voir des oiseaux en cage
Des éléphants et des poissons. (...)

Il faut que j'arrête ma lettre
30 Mon cher Julien, mon bon copain
Ici, c'est souvent qu'on s'embête[9]
Réponds-moi vite, je t'embrasse bien.

a *Explique la situation en allemand en une phrase.*

b *Est-ce que l'enfant est heureux? Justifie ta réponse à l'aide du texte.*

DELF **c** *Imagine que tu habites maintenant à ___ . Écris une lettre à ton correspondant / ta correspondante dans ton cahier.*

1 **la lumière** das Licht   2 **en bas** unten   3 **le débarras** der Abstellraum   4 **sauf** außer   5 **pourtant** jedoch   6 **si** wenn   7 **sage** brav   8 **le jardin d'acclimatation** = le zoo   9 **s'embêter** sich langweilen

© Jacques Lebouteiller: Le facteur des solitudes, 1992

▮▮▮▮▮▮▮ Méthodes et stratégies (→ p. 27/10)

DELF **10** 🎧 *Écoute le texte, prends des notes dans ton cahier, puis dis où les touristes sont allés et ce qu'*ils ont fait.*

*ce que / ce qu' was

SÉQUENCE 3 _____ 17

Bilan autocorrectif

Mit dem bilan autocorrectif kannst du deine Lernfortschritte selbst einschätzen: Mache folgende Übungen ohne Hilfe. Vergleiche deine Ergebnisse mit den Lösungen auf S. 92. In der rechten Spalte im Lösungsteil findest du Anregungen, wie du die Inhalte, die du noch nicht beherrschst, gezielt üben kannst.

1 Qu'est-ce qu'on dit?

Présente ta copine Ana en français.

1. Ana kommt aus Deutschland und wohnt in Berlin.

   _____

2. Ihre Eltern sind Italiener, sie kommen aus Neapel.

   _____

3. Ana spricht sehr gut Italienisch und ziemlich gut Französisch.

   _____

4. Sie spricht auch ein bisschen Spanisch.

   _____

2 Die Adverbien in „-ment" Les adverbes en «-ment»

a *Écris les adverbes des adjectifs suivants.*

inutile   heureux   gentil

_____   _____   _____

lent   facile   vrai

_____   _____   _____

b *Complète les phrases par un adjectif de* **a** *ou son adverbe.*

1. Ça n'apporte rien, c'est _____ .

2. Tu marches trop _____ pour moi.

3. Pour aller aux Halles, c'est _____ , c'est toujours tout droit.

4. À Paris-Plage, on a fait la connaissance de jeunes très _____ .

5. J'ai oublié mon sac dans un café, mais _____ , je l'ai retrouvé.

3 Der Komparativ des Adverbs Le comparatif de l'adverbe

Traduis les phrases suivantes.

1. Lass uns die U-Bahn nehmen, das geht schneller.
2. Hier kann man besser essen als im Zentrum.
3. Unsere Führerin (Notre guide) spricht langsamer Deutsch (weniger schnell) als eine Deutsche.
4. Aber sie spricht genauso gut Deutsch wie eine Deutsche.

4 Der Superlativ des Adverbs Le superlatif de l'adverbe

Complète les phrases.

1. souvent

2. peu

3. bien

4. vite

5 Die Pronomen „en" und „y" Les pronoms «en» et «y»

Réponds aux questions.

1. Est-ce que tu aimes aller au théâtre?
2. Est-ce que tu vas souvent à la patinoire?
3. À quelle heure est-ce que tu pars au collège?
4. À quelle heure est-ce que tu reviens de l'école?
5. À quelle heure est-ce que tu sors du lit le dimanche?

Die Lösungen findest du auf Seite 92.

Bilan autocorrectif

UNITÉ 2 *Le petit rat de l'opéra*

▮ Approches

1 *Retrouve l'ordre chronologique de l'histoire et écris le texte dans ton cahier. (→ Texte, p. 30–31)*

- ☐ Toute la famille est réunie.
- ☐ La famille applaudit.
- ☐ Le repas est réussi et il y a une bonne ambiance.
- ☐ Marina danse.
- ☐ Les parents de Marina ont préparé une fête.
- ☐ Marina n'est plus là.
- ☐ La sœur de Marina fait une remarque à la danseuse.

2 ⬤ *Complète. (→ Repères, p. 38/2)*

présent		imparfait	infinitif
nous jouons	je	_____	_____
nous nous appelons	tu	_____	_____
nous choisissons	il	_____	_____
nous sortons	elle	_____	_____
nous ouvrons	on	_____	_____
nous apprenons	nous	_____	_____
nous savons	vous	_____	_____
nous venons	ils	_____	_____
nous avons	elles	_____	_____
nous sommes	j'	_____	_____
nous bougeons	elle	_____	_____

3 **a** ⬤ *Mets les verbes entre parenthèses à l'imparfait. (→ Repères, p. 38/2)*

Quand Antoine _____ (être) petit, son frère Yann et lui _____ (faire) du judo.

Il _____ (adorer) ce sport, mais son frère _____ (détester) ça. Le mercredi, son

frère et lui _____ (aller) à l'école de judo. Quand il y _____ (avoir) des matchs,

Antoine _____ (gagner) souvent, mais son frère _____ (perdre) presque toujours.

20 _____ **Approches**

b *Mets les verbes entre parenthèses au passé composé.*

Un jour, pendant un match, Yann _____ (avoir) un accident*. Alors, il _____ (arrêter) le judo. Antoine _____ (continuer) tout seul. Yann _____ (essayer) plusieurs sports. Il _____ (faire) du foot et du basket. Un jour, il _____ (découvrir) l'athlétisme et il _____ (aimer) ça.

*__un accident__ ein Unfall

4 *Traduis les expressions en français.* (→ Repères, p. 38/1)

1. _____

2. _____

3. _____

Réviser: Le vocabulaire de la famille

5 a *Trouve le mot juste pour les mots soulignés*.* (→ Petit dictionnaire, p. 208)

1. Tous les dimanches, nous jouons aux cartes avec <u>la femme du frère de mon père</u>.   <u>ma tante</u>

2. <u>Le père de ma mère</u> habite en banlieue.   _____

3. <u>Le père et la mère de ma sœur</u> sont fatigués quand ils rentrent du travail.   _____

4. <u>La fille de ma tante</u> passe le week-end avec nous.   _____

5. <u>Les parents de mon père</u> nous écrivent souvent des messages.   _____

6. <u>La femme de mon grand-père</u> a acheté une glace au chocolat.   _____

7. <u>Le fils de mes parents</u> fait du patin à glace.   _____

*__les mots soulignés__ die unterstrichenen Wörter

b *À toi. Écris encore trois phrases comme en* **a** *dans ton cahier pour tes camarades. (N'oublie pas la réponse!)*

Approches _____ 21

Chapitres I à III

Comprendre

Après le premier chapitre

DELF **1** *Vrai ou faux? Corrige les phrases fausses.*

Cédric se souvient du drame:

	vrai	faux
1. Marina dansait dans la salle de séjour.	☐	☐
2. Marina dansait mal parce qu'elle n'était pas en forme.	☐	☐
3. Céline a fait une remarque à sa sœur.	☐	☐
4. Marina est partie dans sa chambre et a pleuré pendant une heure.	☐	☐
5. La mère a téléphoné à sa fille sur son portable.	☐	☐
6. Céline a téléphoné à Youri et lui a parlé.	☐	☐
7. Marina était à l'internat de Nanterre.	☐	☐
8. La mère de Marina est sûre que Youri ne sait rien.	☐	☐

Après le deuxième chapitre

DELF **2** **a** *Coche la bonne réponse.*

b *Relis les lignes 68 à 81, p. 33. À ton avis, pourquoi est-ce que Marina réagit mal à la remarque de sa sœur? Qu'est-ce qu'elle n'ose pas dire? Écris dans ton cahier.*

1. Elle n'a rien dit à ses parents
   ☐ parce qu'ils ne s'intéressent pas assez à elle.
   ☐ parce que ce n'était jamais le bon moment.

2. Elle n'a pas parlé à Cédric et Céline
   ☐ parce qu'ils n'étaient pas à Paris.
   ☐ parce qu'elle ne voulait pas.

3. Marina n'a pas parlé à ses grands-parents
   ☐ parce qu'elle trouve qu'ils ne comprennent rien.
   ☐ parce qu'ils avaient déjà des soucis.

4. Dimanche à midi, Marina avait l'impression de vivre un cauchemar
   ☐ parce qu'elle déteste les fêtes.
   ☐ parce qu'il y a quelque chose qu'elle n'a pas dit à sa famille.

Après le troisième chapitre

DELF **3** *Réponds aux questions dans ton cahier.*

1. Marina a raté son examen. Pourquoi est-ce que ses parents n'ont rien su?
2. Pourquoi est-ce qu'elle n'a pas osé parler?
3. Pourquoi est-ce que Marina pense qu'elle déçoit ses parents?
4. Quel est l'avis de Cédric?

S'entraîner

4 Reformule les questions.
Utilise l'infinitif.
(→ Repères, p. 38/1)

1. Pourquoi est-ce que je ne lui dis pas la vérité?
2. Comment est-ce que je vais lui dire que je l'aime?
3. Qu'est-ce que je vais faire pour l'intéresser?
4. Où est-ce que je vais l'inviter?

5 Complète par des formes du verbe boire.

Je vais _____ un coca.

Qu'est-ce que vous _____, Madame?

Mmmh! Qu'est-ce que tu _____?

Toute la famille _____ quelque chose, mais moi, je ne _____ rien. Égoïstes!

J' _____ trop de café ce matin. Je vais plutôt prendre un jus de fruits.

Mes enfants _____ toujours du chocolat. Moi aussi, à leur âge, je _____ du chocolat.

Ne _____ pas si vite!

Nous _____ un thé.

Chapitres I à III — 23

6   **a** *Quels noms vont avec quels verbes? Relie.*

b *Forme une phrase avec chacune de ces paires. Écris dans ton cahier.*

fêter 1	a un message
se faire 2	b un examen
claquer 3	c une remarque
rater 4	d la journée
faire 5	e un succès
mettre 6	f la porte
laisser 7	g du souci
boire 8	h ses chaussures
gâcher 9	i le champagne

7   *Complète les phrases par* chaque *ou* chacun/e. (→ Repères, p. 39/4)

1. Bon, est-ce que _____ de vous a bien compris l'exercice?

2. Les garçons, _____ de vous prend un ruban.

3. _____ fille avance vers moi.

4. Maintenant, _____ garçon se met derrière une fille.

5. Jordan, c'est _____ fois la même chose avec vous: Vous dansez trop vite!

6. Les filles, prenez _____ le bras de votre danseur, comme cela.

24   **Chapitres I à III**

8 *Complète les phrases par* avoir besoin de, avoir envie de, avoir l'impression de *ou* avoir peur de.
(→ Repères, p. 38/1)

9 a *Complète par* de/d' *si nécessaire.* (→ Repères, p. 38/1)

1. Ma sœur et moi, nous aimons _____ bouger. Nous adorons _____ nager, alors nous avons décidé _____ aller trois fois par semaine à la piscine.

2. Nous avons peur _____ perdre le match parce que nous n'avons pas fait beaucoup d'efforts.

3. Ma copine a envie _____ faire du sport. Elle veut _____ faire du karaté avec moi.

b *À toi. Formule six phrases avec les verbes de* **a**.

10 Comment est-ce que Noémie était avant? Comment est-ce qu'elle est maintenant?
Utilise l'imparfait et le présent de l'indicatif. Écris dans ton cahier.

1. avoir les cheveux* longs / être blond

2. porter – vêtements

3. jouer

4. faire

5. lire

6. aller

*les cheveux m. die Haare

DELF **11**  Fais l'exercice auditif, p. 90.

Chapitres I à III

12 *Forme six phrases. Utilise l'imparfait et le passé composé comme dans l'exemple.* (→ Repères, p. 39/6)

1. parents / préparer / repas / famille / arriver

   <u>Mes parents préparaient le repas quand la famille est arrivée.</u>

2. je / mettre / couvert / grand-mère / entrer / salle de séjour

   _____

3. On / être / à table / mère / proposer de faire une promenade.

   _____

4. Nous / faire / promenade / pleuvoir

   _____

5. nous / jouer aux cartes / grands-parents / partir

   _____

6. parents / regarder / film / je / aller au lit

   _____

7. je / dormir / téléphone / sonner

   _____

13 *La mère de Marina parle à sa fille de sa vie quand elle était enfant. Souligne dans chaque phrase l'expression de temps correcte.*

1. Chaque jour, / Un jour, j'allais à l'école avec ma meilleure copine Françoise.
2. Souvent, / Une fois, je devais l'attendre parce qu'elle était en retard.
3. Une fois, / Normalement, on traversait un grand parc pour aller à l'école parce que c'était plus joli.
4. Françoise était toujours / tout à coup drôle et elle aimait raconter des histoires.
5. D'habitude, / Cette fois-ci, elle me racontait des histoires qui me faisaient beaucoup rire.
6. Mais un matin, / le matin, elle n'a rien dit jusqu'à l'école.
7. Souvent, / À un moment, elle m'a regardée et elle a dit: «Je vais bientôt partir d'ici».
8. Tout à coup, / D'habitude, elle a pleuré.
9. Elle est partie tous les jours / le premier jour des vacances et je ne l'ai plus revue.

14

Fais le dialomix, p. 83.

15 *Cédric a téléphoné à ses parents et leur a tout expliqué, puis il est rentré à la maison avec sa sœur. Imagine un dialogue entre Marina et ses parents. Utilise l'imparfait et le passé composé. Écris dans ton cahier.*

Chapitres I à III — 27

La France en direct: Nicolas Le Riche, danseur étoile

DELF 16 **a** *Tu ne connais pas tous les mots, mais tu peux comprendre le texte. Lis-le.*

Arts Livres: À quel âge avez-vous commencé la danse?
Nicolas Le Riche: À sept ans, mais je n'ai compris que vers quatorze ans que la danse était un art plus qu'une gymnastique. Mon parcours est classique: J'ai commencé la danse dans une école de banlieue. Un des élèves de l'école a raté le concours de l'École de danse de l'Opéra. Pour moi, c'est devenu un défi: Je l'ai passé et j'ai réussi. J'avais neuf ans.

Arts Livres: Pensez-vous déjà devenir danseur professionnel?
Nicolas Le Riche: Non, pas du tout. Mon frère aîné faisait des études brillantes, la danse m'a permis de trouver ma place et mon identité dans la famille. Et puis je venais d'une banlieue difficile, alors, aller à Paris me plaisait. À l'époque, les cours étaient à l'Opéra Garnier, pas encore à Nanterre. J'ai compris plus tard que je pouvais gagner ma vie avec la danse. J'ai eu la chance d'avoir un parcours rapide et de devenir danseur étoile plus vite que je l'espérais.

Arts Livres: Combien de temps dure et comment se déroule la formation à l'École de danse?
Nicolas Le Riche: Six ans, je crois, aujourd'hui, mais c'était cinq ans à l'époque. Les examens sanctionnent le travail des élèves, ou il faut redoubler, parfois quitter l'école. Il y a six niveaux ou six divisions, un mot que je déteste car il évoque la division militaire. Le nombre d'élèves est variable. À mon concours d'entrée, il y avait 300 participants, seuls dix ont réussi, trois après l'examen de première année. Je suis le seul qui reste.

C'est une formation formidable, complète avec des professeurs de qualité. J'en garde un bon souvenir.

b *Coche la bonne réponse.*

1. Ce texte est
☐ une publicité.
☐ une interview.
☐ un extrait* de roman.

2. Nicolas Le Riche danse depuis l'âge de
☐ quatorze ans.
☐ neuf ans.
☐ sept ans.

3. Nicolas Le Riche a d'abord raté le concours d'entrée.
☐ vrai
☐ faux

4. Il a commencé la danse
☐ à l'école de Nanterre.
☐ à Paris.
☐ dans une école près de Paris.

5. La danse c'est
☐ le métier de Nicolas Le Riche.
☐ le hobby de Nicolas Le Riche.

c *Comment est-ce qu'on dit cela dans le texte? Écris les phrases correspondantes.*

1. Nicolas Le Riche pense que la formation à l'École de danse est bonne.
2. Nicolas Le Riche était le meilleur élève de son année.
3. Il a choisi son métier assez tard.

_____
_____
_____
_____
_____
_____
_____

d *Écris un petit texte dans ton cahier pour présenter Nicolas Le Riche. Utilise la 3ᵉ personne du singulier au présent.*

* **un extrait** ein Auszug

▮▮▮▮▮▮▮▮ **Lecture: La panthère noire**

DELF **17**   **a** *Tu ne connais pas tous les mots mais tu peux comprendre l'histoire. Lis d'abord le texte.*

Où est Jeannette? Depuis que le speaker des Jeux Olympiques a appelé les filles pour le 200 mètres, Romain cherche son amie mais ne la voit pas. Des tribunes réservées à la délégation française où il est assis, il est trop loin pour bien distinguer[1] la ligne de départ[2]. Il se lève pour mieux observer[3] les reines[4] du sprint qui se réunissent sans se presser[5]. Il essaie de reconnaître chacune d'elles. Enfin, il reconnaît Jeannette au moment où elle se relève. Elle a gardé son survête-
5 ment[6] et il ne la voit que[7] de dos, mais il sait que c'est elle. À cause de sa taille[8]? Peut-être. Mais surtout à cause de sa démarche[9]: *La panthère noire!* Quel journaliste a trouvé ce nom? Il ne sait plus mais depuis, tout le monde ne l'appelle plus que comme ça. Romain la regarde. Elle est la plus grande et la plus gracieuse[10] de toutes les concurrentes. Oui, une vraie panthère.

Sur un immense[11] écran, on peut voir des images en gros plan[12] des athlètes qui se préparent au départ. Qui va gagner? La
10 caméra montre Wilma Winnicot, la Jamaïcaine, la détentrice[13] du record du monde. Son corps[14] musclé, très impression-nant, semble[15] être fait pour gagner. Voilà maintenant Sue Dard, l'Américaine. Même corps, mêmes muscles. La caméra, qui montre les sportives une à une, s'arrête enfin sur Jeannette. Elle est si longue, si mince[16] qu'elle semble pratiquer un autre sport, une autre discipline, le saut en hauteur[17], par exemple.

«Sois forte, donne tout ce que[18] tu as, pense Romain, je sais que tu peux te qualifier, tu as tout fait pour ça.»
15 Comme prévu, la Jamaïcaine et l'Américaine ont un départ explosif. Elles courent vite. Elles savent que l'une d'elle va ga-gner. Elles sont sûres de leur victoire[19]. Mais à 50 mètres de l'arrivée, Wilma Winnicot porte une main à sa jambe avant de tomber. Le public crie. Jeannette accélère[20], remonte une, deux, puis trois concurrentes. Jeannette se détache[21], légère, gracieuse, élégante, revient sur Sue Darb, franchit[22] la ligne une fraction[23] de seconde après l'Américaine. Jeannette gagne la deuxième place.
20 La télévision montre Winnicot qui pleure.

«Un claquage[24], dit Romain. Après cet accident, c'est fini pour elle.

– Pauvre fille, dit Jeannette. C'était la plus forte et toutes les filles le savaient. Elle était partie pour la médaille, et puis voilà.

– Elle a fait tout ce qu'il fallait pour avoir la médaille, dit Romain. […]

– Écoute, Romain. Tu ne vas pas toi aussi raconter ces histoires, ce sont de méchantes rumeurs[25].
25 – J'ai des yeux, dit Romain. Et quand je vois le physique[26] d'une athlète changer en trois ans, je peux me poser des ques-tions, non?

Jeannette se tourne vers[27] lui.

– Arrête, s'il te plaît. Même si elle prend des produits[28], elle a le record du monde dans les jambes, ce n'est pas donné à tout le monde[29].»

b *Réponds aux questions suivantes. Écris dans ton cahier.*

1. Qui sont Jeannette, Romain, Wilma Winnicot et Sue Darb? Décris-les. (→ Livre, p.41/6)
2. «Elle (Wilma Winnicot) a fait tout ce qu'il fallait pour avoir la médaille». (l. 23) Que veut dire Romain par là? Explique.
3. Comment trouves-tu la réaction de Jeannette? Donne ton avis.

c *Fais une liste des mots et expressions du texte pour parler de sport et complète-la avec des mots que tu connais déjà. (→ Liste alphabétique, p. 188)*

D'après: Jean-Noël Blanc, **La panthère noire**, **in:** Je bouquine n° 246, août 2004

1 **distinguer** unterscheiden 2 **le départ** der Start 3 **observer** beobachten 4 **la reine** die Königin 5 **se presser** sich beeilen 6 **le survêtement** der Trainingsanzug 7 **ne … que** nur 8 **la taille** die Größe 9 **la démarche** der Gang 10 **gracieux/-se** anmutig, reizend 11 **immense** *adj.* riesig 12 **l'image en gros plan** *f.* die Nahaufnahme 13 **le détenteur/-trice** der/die Titelverteidiger/in 14 **le corps** der Körper 15 **sembler** scheinen 16 **mince** dünn 17 **le saut en hauteur** Hochsprung 18 **ce que** was 19 **la victoire** der Sieg 20 **accélérer** beschleunigen 21 **se détacher** sich lösen 22 **franchir** überschreiten 23 **la fraction** der Bruchteil 24 **le claquage** der Muskelriss 25 **la rumeur** das Gerücht 26 **le physique** das Aussehen, der Körper 27 **se tourner vers qn** sich jdm zuwenden 28 **le produit** das Präparat 29 **ce n'est pas donné à tout le monde** das kann nicht jeder

▮▮▮▮▮▮▮▮ **Méthodes et stratégies** (→ Livre, p. 42/9)

18   *Relis les Méthodes et stratégies dans ton livre et fais un résumé de l'histoire «La panthère noire».*
(→ *Carnet, p. 29/17*) *Écris dans ton cahier.*

Chapitres I à III _____ **29**

Bilan autocorrectif

1 Qu'est-ce qu'on dit?

Relie les phrases qui vont ensemble.

Tout le monde est content.	1	a	Il se fait du souci.
Il m'a dit mes quatre vérités.	2	b	Il se prend pour qui?
Il faut faire ça tout de suite.	3	c	Ça se fête!
Il a réussi à son examen.	4	d	Tout va pour le mieux.
Il exagère!	5	e	Il n'a pas pris de gants.
Il a peur de ne pas réussir.	6	f	C'est le moment ou jamais.

2 Vocabulaire

Trouve les intrus.

l'anorak – le collant – la colle – les chaussures

gagner – réussir – rater – fêter

sensible – aîné – courageux – égoïste

la marraine – la sœur – le grand-père – la tante

l'astronaute – le concours – la charcutière – la danseuse

3 Die Bildung des Imperfekts   La formation de l'imparfait

Mets les verbes entre parenthèses à l'imparfait.

Tout le monde _____ (être) là et _____ (regarder) le spectacle.

Les danseurs _____ (avoir l'air) en forme. Ils _____ (danser)

merveilleusement bien. Myriam et moi, nous _____ (applaudir) et nous

_____ (être) heureux de voir notre sœur danser.

4 Der Gebrauch von „imparfait" und „passé composé"   L'emploi de l'imparfait et du passé composé

Mets les verbes entre parenthèses à l'imparfait ou au passé composé.

1. On _____ (faire) nos devoirs quand le téléphone _____ (sonner).

2. Les enfants _____ (être) dans la cour et _____ (jouer) au foot.

   Tout à coup, Pierre _____ (crier) et il _____ (tomber).

3. Chaque matin, on _____ (partir) ensemble à l'école, mais un jour, Maxime

   _____ (ne pas venir).

4. Le prof _____ (lire) un texte quand Paul _____ (entrer) dans la classe.

5 Die Infinitivergänzungen mit „de" Le complément avec «de» + infinitif

Traduis les phrases.

1. _____

2. _____

3. _____

4. _____

6 Der unbestimmte Begleiter „chaque" und das unbestimmte Pronomen „chacun/e"
Le déterminant indéfini «chaque» et le pronom indéfini «chacun/e»

Complète par chaque *ou* chacun/e.

Die Lösungen findest du auf Seite 92.

UNITÉ 3 *La vie quotidienne*

■ **Approches**

1 *Complète. Écris les mots avec l'article indéfini.* (→ Liste alphabétique, p. 188)

1 _____
2 _____
3 _____
4 _____
5 _____
6 _____
7 _____
8 _____
9 _____
10 _____
11 _____
12 _____
13 _____

2 ⭕ *Ils veulent faire un gâteau au chocolat. Complète le dialogue. Utilise* en. (→ Repères, p. 54/3)

– On a du sucre?

– Oui, on _____

_____.

– Est-ce qu'on a des œufs?

– On _____.

   Il en faut combien pour le gâteau?

– Il _____.

   Il y a de la farine?

– Oui, elle est sur l'étagère, à droite.

– Est-ce qu'on a encore du chocolat?

– Oui, on _____

_____.

– Et est-ce qu'on a encore de la crème?

– Non, on _____

_____.

– Bon, alors, je vais acheter un pot de crème et des

   œufs. Ah, j'oubliais ... On a du beurre?

– Je ne sais pas. Regarde.

– Ça va, on _____

_____.

32 _____ **Approches**

3 *Compare les deux dessins comme dans l'exemple. Pour décrire le dessin de droite, utilise le pronom* en.
(→ Repères, p. 54/3)

Sur la table de gauche, il n'y a pas de charcuterie. Sur la table de droite, il y en a une assiette.

4  Fais le dialomix, p. 84.

5 Imagine un menu original pour tes camarades. Écris dans ton cahier.
Tu peux utiliser:

	un potage des crêpes		beurre
	des frites		confiture
	des tomates des crudités	au	miel
	un steak du poisson	à la	chocolat
Pour commencer, il y a ___	un gâteau	à l'	fromage
Ensuite, il y a ___	un yaourt	aux	eau lait
Après, il y a ___	des pommes de terre		orangina
Et puis, il y a ___	des pâtes		coca œufs
Comme dessert, il y a ___	une salade (de fruits)		sucre

Approches — 33

SÉQUENCE 1

1 *Raconte la journée de «Socrate»: Termine chaque phrase et écris-en encore une ou deux. (→ Texte, p. 47)*

1. Aujourd'hui, «Socrate» a passé une mauvaise journée parce qu' _____

   _____

   _____

2. Comme chaque année, «Socrate» va passer le réveillon chez son père et Mylène. Mylène _____

   _____

   _____

3. L'ambiance au repas n'est pas super _____

   _____

   _____

   _____

4. Le lendemain, _____

   _____

   _____

   _____

2 **a** *Explique les mots suivants.*

> le Père Noël   la bûche de Noël   le réveillon
> se coucher   être crevé   bâiller   le lendemain

<u>Le Père Noël est une personne qui apporte des</u>

<u>cadeaux aux enfants pour Noël.</u>

_____

_____

_____

_____

_____

_____

_____

_____

b ○ *Écris une phrase dans ton cahier avec chaque mot de* **a** *.*

c ● *Écris une petite histoire dans ton cahier avec un maximum de mots de* **a** *.*

3  *Fais le tandem, p. 85.*

34 _____ SÉQUENCE 1

4 ○ *Forme huit phrases au passé composé.* (→ Repères, p. 54/4)

1. je / s'énerver contre
2. mon père / ne pas se lever
3. Annabelle / se cacher
4. ils / ne pas se baigner

5. elles / se détendre
6. nous / s'amuser
7. elle / se disputer
8. Papi / s'endormir

5 ● *Écris, d'après les dessins, une petite histoire dans ton cahier. Utilise des verbes pronominaux au passé composé.* (→ Repères, p. 54/4)

se rencontrer*
se balader
s'amuser   se voir
se retrouver
se séparer   s'oublier
se souvenir

* **se rencontrer** sich begegnen

SÉQUENCE 1 — 35

Lecture / Méthodes et stratégies

6 a *Lis ce texte. Tu ne connais pas tous les mots, mais tu peux le comprendre. Tu peux aussi chercher les mots que tu ne comprends pas dans le dictionnaire.*
(→ Méthodes et stratégies, p. 59/12)

Comme chaque matin
Le réveil a sonné
À toute vitesse
Il s'est levé
Mais au pied du lit
Il s'est cogné
Avec son café
Il s'est brûlé
Et il s'est énervé
À l'eau froide
Il s'est douché
Et là il s'est calmé
Il s'est habillé
Et il s'est dépêché

b *Imagine la suite pour tes camarades. Tu peux ensuite mimer la scène en classe avec tes camarades.*

7 a *Écris la forme correcte de l'adjectif* vieux.

une _____ guitare   un _____ homme

un _____ arbre   un _____ ami

un _____ monsieur   de _____ chaussures

de _____ souvenirs   de _____ cartons

une _____ voiture   de _____ maisons

b *Forme au moins quatre phrases avec des éléments de* **a** *. Écris-les dans ton cahier.*

8 *Retrouve les sept formes du verbe* croire *et complète.* (→ Les verbes, p. 140)

I	L	C	R	O	I	S	N	E	F
C	R	O	I	E	N	T	A	U	T
P	A	S	A	I	C	R	U	C	R
O	I	R	C	R	O	Y	O	N	S
E	C	R	O	I	S	A	U	P	È
R	C	R	O	Y	E	Z	E	N	O
C	R	O	I	T	Ë	L	X	X	X

je _____

tu _____

il/elle/on _____

nous _____

vous _____

ils/elles _____

(p. c.) j' _____

Les lettres qui restent donnent un message:

_____
_____
_____
_____
_____
_____

SÉQUENCE 1

Réviser: Le genre et le pluriel des noms

9   **a** *Retrouve les noms, écris-les avec l'article indéfini.* (→ Liste alphabétique, p. 188)

1. _____ 2. _____ 3. _____ 4. _____

5. _____ 6. _____ 7. _____ 8. _____

b *Écris ces mots au pluriel.*

1. _____ 2. _____ 3. _____ 4. _____

5. _____ 6. _____ 7. _____ 8. _____

c *Qu'est-ce que tu remarques? Complète ces deux règles. Was fällt dir auf? Vervollständige die zwei Regeln.*

1. Les noms en -eau sont _____ .

2. Les noms en -eau prennent un _____ au pluriel.

Réviser: Les verbes pronominaux au présent

10   *Qu'est-ce qu'ils peuvent dire? Imagine des phrases et utilise les verbes pronominaux suivants au présent.*

     s'aimer   se coucher   se disputer   se doucher
              se lever   se retrouver

1. _____

2. _____

3. _____

4. _____

5. _____

6. _____

SÉQUENCE 1

La France en direct: Les fêtes de l'année

11 *Regarde les photos et réponds aux questions.*

1. Le 14 juillet: la fête nationale
2. Le 6 janvier: la fête des Rois[1]. Ce jour-là, on mange la galette des Rois[2].
3. Le 25 décembre: Noël
4. Pâques[3]
5. Le carnaval de Nice en février
6. Le 1er novembre: la Toussaint[4]
7. Le 1er mai: Partout en France, on peut acheter du muguet[5], porte-bonheur. Le 1er mai est aussi la fête du Travail.

1. Quelles fêtes existent aussi dans ton pays ou ta région?

2. Quelle(s) fête(s) est-ce que tu préfères et pourquoi?

3. Cherche dans une encyclopédie ou demande à ton professeur d'histoire pourquoi la fête nationale française est le 14 juillet.

[1] **la fête des Rois** das Dreikönigsfest [2] **la galette des Rois** Kuchen, mit einer kleinen versteckten Figur. Es wird ausgelost, wer welches Stück erhält. König/in des Festes ist, wer die Figur findet. [3] **Pâques** Ostern [4] **la Toussaint** Allerheiligen [5] **le muguet** das Maiglöckchen

38 — SÉQUENCE 1

Lecture / Méthodes et stratégies: Sentir Noël

12 **a** *Lis ce texte. Cherche les mots que tu ne comprends pas dans un dictionnaire.*
(→ Méthodes et stratégies, p. 59/12)

Noël! Des lumières, des cadeaux, la famille réunie, un petit vent léger – même quand il fait trop doux, on sent la neige dans sa tête, on se sent un peu comme une de ces boules en verre qu'on secoue. À Noël, on se sent un peu meilleur, et on marche dans les rues illuminées, sous les guirlandes et on se dit qu'on voudrait avoir de la vraie neige.

Mais Noël, c'est aussi une odeur. Les odeurs, c'est très important. La confiture de prunes, par exemple, sent le jardin de Grand-Mère. Le poulet rôti sent le dimanche matin. Mais d'autres odeurs sont beaucoup plus difficiles à définir. Noël, bien sûr, ça sent un peu le sapin. Quand il est là depuis plusieurs jours à la maison, que les épines commencent déjà à tomber, ça sent très fort, comme les petites pastilles pour la gorge. C'est une odeur un peu triste parce que c'est bientôt la fin de Noël. Parfois, Noël sent aussi le parfum. Souvent, les adultes s'achètent du parfum comme cadeau de Noël, et ça donne l'impression de quelque chose de très blond, de très sucré qui se mélange avec le rouge du papier cadeau. [...]

L'odeur de Noël, évidemment, c'est un mélange. Et pourtant, il y a une odeur qui même toute seule fait penser à Noël: celle de la clémentine. Quand on mange les premières clémentines, à la fin de l'automne, on n'y pense pas. Mais si on entre chez quelqu'un qui a mangé des clémentines, on le remarque tout de suite et on se dit: «C'est drôle, ça sent Noël!»

C'est peut-être à cause de leur goût, à cause de leur couleur – cette lumière orangée, c'est comme la fête. Et puis la clémentine, ce n'est pas un fruit qu'on oublie après l'avoir mangé. Avec la peau de clémentines, on fait des lampions. [...] Quand on fait ça, on éteint la lumière de la cuisine, dehors la nuit semble très profonde, très bleue – c'est peut-être cette ambiance qui fait penser à Noël? Mais on sait bien que c'est beaucoup plus mystérieux. C'est un peu comme quand on regarde les étoiles sans avoir envie de connaître leur nom. Est-ce que c'est la clémentine qui sent Noël, ou Noël qui sent la clémentine?

D'après: Philippe Delerm, *C'est toujours bien*, Milan poche Junior, 2001

b *Choisis une question et écris un petit texte.*

1. Est-ce que tu as aimé ce texte? Donne ton avis.
2. Pour toi, Noël, qu'est-ce que c'est?

SÉQUENCE 2

DELF **1** *Vrai ou faux? Corrige les phrases fausses dans ton cahier.* (→ Texte, p. 49)

	vrai	faux
1. Une personne au pseudo de «Saint-Bernard» envoie un poème à «Socrate».	☐	☐
2. Cette personne réagit au blog de Romain.	☐	☐
3. Elle est d'accord avec Romain sur tout.	☐	☐
4. Romain sait tout de suite qui a écrit ce poème.	☐	☐
5. Il comprend que «Saint-Bernard» l'a reconnu à cause de son pseudo.	☐	☐

2 ○ *Relie les phrases et écris-les dans ton cahier.* (→ Repères, p. 55/6)

Il est possible qu'il 1	a soyez à l'heure.
Ma mère veut que je 2	b lisions ce livre pour demain.
Il faudrait qu'ils 3	c prennes le bus avec lui.
Il faut que vous 4	d rentre avant cinq heures.
Lucien voudrait que tu 5	e s'agisse de sa copine.
Il est impossible que nous 6	f fassent des efforts.

3 ● *Complète. Utilise le subjonctif.* (→ Repères, p. 55/6)

1. Tim veut que ses copains _____ *(aller)* au cinéma avec lui.

2. Il faut que Marion et Antonia _____ *(dire)* la vérité à Romain.

3. Il est impossible que Romain _____ *(savoir)* qui a écrit ce poème.

4. Mylène voudrait que les enfants _____ *(être)* heureux.

5. Est-il possible que cette personne _____ *(connaître)* Romain?

6. Il faudrait que vous _____ *(aider)* Romain à trouver la solution.

4 ● *Qu'est-ce que cet enfant doit faire? Utilise* Il (ne) faut (pas) qu'il + *subjonctif dans ta réponse.* (→ Repères, p. 55/6)

1. Tu dois être raisonnable.

2. Tu dois nous écouter, ta mère et moi.

3. Tu ne dois pas te disputer avec ta sœur.

4. Tu dois faire plus d'efforts avec elle.

5. Tu dois réfléchir avant de parler.

6. Tu dois te poser des questions sur toi.

5   **a** ◯ *Reconstitue les phrases et écris-les dans ton cahier.* (→ Repères, p. 55/5)

Je veux que	tu sais la vérité.
Je suis sûr que	tu saches la vérité.
Est-ce que vos parents savent que	vous allez au cinéma?
Est-ce que vos parents veulent que	vous alliez au cinéma?
Le père de Romain voudrait que	son fils comprenne la situation.
Le père de Romain croit que	son fils comprend la situation.
Élena pense que	son frère soit gentil avec Mylène.
Élena voudrait que	son frère est gentil avec Mylène.
Romain ne veut pas que	sa sœur aille chez Mylène.
Romain ne sait pas que	sa sœur va chez Mylène.

   b *À toi. Fais quatre phrases comme en* **a** *pour tes camarades.*

6   ⬤ *Imagine la fin de ces phrases. Utilise le subjonctif ou l'indicatif.* (→ Repères, p. 55/5, 6)

1. Mes parents voudraient que _____ .

2. Est-ce que tu crois que _____ ?

3. Il n'est pas impossible que _____ .

4. Mon copain dit que _____ .

5. Est-ce possible que _____ ?

6. Mon frère sait que _____ .

7. Il faudrait que _____ .

8. Je pense que _____ .

9. Ma sœur est sûre que _____ .

10. J'aimerais que _____ .

SÉQUENCE 2   41

DELF 7  *Fais l'exercice auditif, p. 90.*

8 a *Un jeune a écrit à un magazine de jeunes. Lis sa lettre et le commentaire de sa lettre.*

> « Je ne supporte¹ plus l'éducation assez stricte que me donne ma famille. Dans la famille de mon copain, où ils sont sept enfants, c'est plus modeste², mais c'est le paradis! Je passe mes journées chez eux. Cela ne plaît pas à mes parents et ils ne veulent plus que j'aille chez lui. Aidez-moi, s'il vous plaît!
> Emmanuel »

Emmanuel pourrait essayer de comprendre ses parents: Pourquoi lui donnent-ils une éducation stricte? Ils veulent sans doute le meilleur pour lui. Il devrait alors leur expliquer pourquoi il n'est pas heureux.

1 **supporter** qn/qc jdn/etw. ertragen   2 **modeste** schlicht

b *Et toi, qu'est-ce que tu en penses? Écris un commentaire à Emmanuel.*

_____
_____
_____
_____

Réviser: Les adjectifs

9 a *Retrouve les 16 adjectifs, écris-les et note leur genre et leur nombre.*

Q	U	F	O	R	T	S	I	S	E	C	V	I	E	U	X
R	A	I	S	O	N	N	A	B	L	E	A	V	R	A	I
C	H	E	F	I	È	R	E	D	E	C	H	È	R	E	R
R	B	I	Z	A	R	R	E	S	I	È	P	Â	L	E	S
R	E	L	E	P	M	A	R	R	A	N	T	E	S	S	E
I	M	P	O	S	S	I	B	L	E	U	S	Û	R	E	S
D	O	D	E	S	A	C	A	P	A	B	L	E	S	I	N
I	N	S	É	P	A	R	A	B	L	E	S	T	-	B	E
R	N	A	R	D	M	E	R	V	E	I	L	L	E	U	X
F	U	R	I	E	U	S	E	A	G	R	É	A	B	L	E

<u>forts (m. pl.)</u>   _____   _____   _____

b *Les lettres qui restent donnent un message. Écris-le.*

_____

c *Utilise au moins six adjectifs de* **a** *dans des phrases. Écris-les dans ton cahier.*

SÉQUENCE 2

SÉQUENCE 3

DELF

1 *Que disent-ils? Coche les bonnes réponses.*
(→ Texte, p. 52)

1. ☐ Antonia dit que le rôle des copains c'est de faire la morale.
2. ☐ Tim pense que les copains sont là pour partager les bons moments.
3. ☐ Antonia fait la différence entre copains et amis.
4. ☐ Pour elle, les amis doivent savoir comprendre et consoler.
5. ☐ Marion dit que les amis ne doivent pas trop dire ce qu'ils* pensent.
6. ☐ Brandon dit qu'il a aimé le poème à cause de son humour.
7. ☐ Romain ne trouve pas le poème important.
8. ☐ Marion pense qu'Éléna n'est pas solidaire de son frère parce qu'elle s'entend bien avec Mylène.

* **ce que/qu'** was

2 *Qu'est-ce que tu peux dire dans les situations suivantes?* (→ Texte, p. 52, Repères, p. 54/1)

1. Ton copain te demande ton avis sur quelque chose. Tu ne sais pas quoi répondre.
2. Tu réfléchis à un problème mais tu ne trouves pas la solution.
3. Tu as réfléchi à un problème et tu as enfin trouvé la solution.
4. Tu assures* à quelqu'un que tu dis la vérité.
5. Tu dis à un/e ami/e que sa manière d'agir avec son frère n'est pas gentille.
6. Tu dis à un/e ami/e qu'il/elle n'a pas d'humour.

* **assurer qc à qn** jdm etw. versichern

_____

_____

_____

_____

_____

_____

3 **a** *Trouve des mots de la même famille.* (→ Texte, p. 52; Liste alphabétique, p. 188)

l'amitié   vrai   la réaction

le poème   la connaissance

_____

_____

_____

b *Tu connais:*   *Alors tu peux comprendre:*

consoler   la consolation: _____

décevoir   la déception: _____

confier   la confiance: _____

c *Écris quatre phrases dans ton cahier avec des mots de* **a** .

SÉQUENCE 3 _____ 43

4　**a** *Qu'est-ce qu'ils voudraient? Écris les phrases dans ton cahier. Utilise* Il faut que + *subjonctif ou* Je voudrais que + *subjonctif.* (→ Repères, p. 55/6)

1. gagner au loto / avoir cette voiture

2. arriver avant les autres

3. danser avec moi

4. être ici avec moi

5. voir ce film ensemble

6. faire beau

b *Et toi qu'est-ce que tu voudrais? Finis les phrases. Utilise le subjonctif.*

1. Je voudrais que mes copains _____ .

2. Après l'école, il faudrait _____ .

3. Je voudrais que, dans mon école, _____ .

4. Je voudrais que mon ami/e _____ .

5. Je voudrais que les profs _____ .

6. Il faut que mes parents _____ .

c *Continue. Formule encore trois vœux* dans ton cahier.*
Utilise Je voudrais / Il faut que + *subjonctif.*

* **le vœu** der Wunsch

5　*Indicatif ou subjonctif? Complète les phrases, puis souligne les formes au subjonctif en vert et les formes à l'indicatif en bleu.* (→ Repères, p. 55/5, 6)

1. Mamie a écrit. Elle veut qu'on _____ (aller) la voir pendant les vacances de Noël.

2. Elle trouve qu'elle ne nous _____ (voir) pas assez souvent.

3. Il est possible que notre cousin de Lille _____ (venir).

4. Elle a vu de beaux patins à glace pour nous, mais elle pense qu'ils _____ (être) très chers.

5. Elle voudrait qu'on lui _____ (dire) quel jour on pourrait arriver à Caen.

6. Il faudrait qu'on lui _____ (écrire) plus souvent.

6 *Réponds aux questions d'un/e ami/e français/e. Utilise en. (→ Repères, p. 54/3)*

1. Est-ce que tu as des frères et sœurs? _____

2. Est-ce que tu as un blog? _____

3. Est-ce que tu écris souvent des messages? _____

4. Est-ce que tu lis un journal pour jeunes? _____

5. Est-ce que tu connais des acteurs français? _____

6. Est-ce que tu as déjà vu des films français? _____

7. Est-ce que tu écoutes des CD français? _____

7 *Ta cousine, qui ne parle pas français, t'a écrit. Dans sa lettre, elle te demande ce que* tu fais en cours de français en ce moment. Réponds-lui et parle de l'unité 3. Écris dans ton cahier.*

* ce que was

Lecture: Un test – L'amitié, pour toi, c'est important?

8 *Fais le test et note tes résultats dans ton cahier.*

1 Ton/Ta meilleur(e) ami(e) a des problèmes en ce moment.
A Tu laisses tout tomber pour l'aider.
B Tu passes l'après-midi avec lui/elle mais tu rentres tôt parce que tu dois réviser.
C Tu lui téléphones, mais tu ne veux pas rater un bon film à la télé.

2 Ton ami(e) veut te voir tous les jours.
A Tu trouves ça bien. L'amitié n'a pas de limites[1].
B C'est beaucoup pour toi. Tu as aussi des activités qui prennent du temps.
C Tu préfères décider quand, toi, tu veux voir tes amis.

3 Ton ami(e) est allé(e) au cinéma avec un copain sans te le dire.
A Tu penses: «Super! Il/Elle a aussi d'autres copains!»
B Tu lui demandes: «Tu as aimé le film?»
C Tu es très déçu(e) et tu ne lui parles plus pendant une semaine.

4 Ton ami(e) te dit: «Pour moi, l'amitié, c'est quand on se dit tout.»
A Tu es d'accord avec lui/elle.
B Tu n'es pas du tout d'accord parce que ça t'ennuie d'écouter les problèmes de tes amis.
C À ton avis, il y a des choses qu'on ne peut pas raconter, même pas à son ami.

5 C'est la rentrée: Ton/Ta meilleur(e) ami(e) n'est plus dans ta classe.
A C'est l'horreur! Il va falloir attendre la récré pour vous revoir.
B Tu ne trouves pas ça drôle, mais vous allez vous retrouver aux récrés.
C Pour toi, c'est la cata parce qu'il/elle ne va plus t'aider pendant les cours.

6 Un(e) ami(e) te dit: «Après mon chien, tu es mon/ma meilleur(e) amie».
A Tu le/la comprends, un animal aussi est un ami.
B Tu es déçu(e). Pour toi, l'amitié, c'est autre chose.
C Ça t'est égal.

Les résultats:

Tu as trois **A** et plus: Pour toi, l'amitié, c'est très important et tes amis peuvent compter sur toi[2].

Tu as trois **B** et plus: Tu es à l'écoute de tes amis, mais tu ne t'oublies pas et tu aimes être indépendant(e)[3].

Tu as trois **C** et plus. Tu es assez égoïste. Est-ce que l'amitié, c'est très important pour toi?

1 **la limite** die Grenze 2 **compter sur qn** auf jdn zählen 3 **indépendant(e)** unabhängig

SÉQUENCE 3

Bilan autocorrectif

1 Qu'est-ce qu'on dit?

1. In einem Brief an deinen/deine Brieffreund/in erklärst du, dass dein Lehrer auf dich wütend war und du nicht einmal weißt, warum.

   _____

2. Du erklärst, dass das nicht zu deinem Lehrer passt.

   _____

3. Du fügst hinzu, dass es jedoch Schlimmeres gibt.

   _____

4. Du versprichst ihm/ihr, dass du öfter schreiben wirst.

   _____

2 Vocabulaire

Complète avec l'article.

3 La conjugaison

Complète par une forme de croire ou de promettre.

1. Mon petit frère _____ au Père Noël.

2. Je dois partir. J'_____ (p. c.) à mes parents de rentrer tôt.

3. Mais enfin, qu'est-ce que vous _____ ?!

4. _____ (impératif) à tes parents que tu vas faire des efforts.

4   Das Pronomen „en"   Le pronom «en»

Il faut aller faire des courses. Regarde le dessin et réponds aux questions.

1. – Est-ce qu'il faut acheter du beurre?
   _____
2. – Est-ce qu'il y a encore des œufs?
   _____
3. – Est-ce qu'on a encore des pommes de terre?
   _____
4. – Est-ce qu'il nous faut de la farine?
   _____

5   Der „subjonctif"   Le subjonctif

a ○ *Qu'est-ce que les parents de Paul disent? Transforme les phrases. Utilise* Tu dois + *infinitif.*

1. Il faut que tu aies de meilleures notes.
2. Nous voulons que tu reviennes à 18 heures.
3. Il faut que tu sortes le chien plus souvent.

_____

b ● *Paul doit faire plein de choses. Écris les phrases. Utilise le subjonctif.*

écrire à mamie
aller chez le médecin
faire mes devoirs
passer au CDI
aider Léa à préparer le dîner
prendre le pain à la boulangerie

<u>Il faut qu'il</u> _____

_____

6   Die reflexiven Verben im „passé composé"   Les verbes pronominaux au passé composé

Mets les phrases au passé composé. Écris-les dans ton cahier.

1. Elle se lève à 7 heures et elle se douche tout de suite après.
2. Il se couche tôt mais il ne s'endort pas tout de suite.
3. Alors, les filles, vous vous amusez bien à cette fête?

Die Lösungen findest du auf Seite 93.

Bilan autocorrectif — 47

UNITÉ 4 Les médias

Approches

1 *Relis le programme télé, p. 62–63, et prépare huit questions sur ce programme pour tes camarades. Écris aussi les réponses pour pouvoir les corriger.*

Exemple: Comment s'appelle le jeu sur TF1? Il s'appelle «Qui veut gagner des millions.»

> à quelle heure ___ ?
> sur quelle chaîne ___ ?   comment ___ ?
> quand ___ ?
> passer   s'appeler   ___

2 **a** *Trouve les mots et complète.* (→ Liste des mots, p. 167)

– Je voudrais regarder le [1] sur le Canada.
– D'accord, mais avant on regarde le [2] sur France 2.
– Tu es d'accord pour regarder la nouvelle série [3]?
– Oui, elle est bien et il y a plein de [4].
– Tu connais le nom de cet [5]?
– Non, mais il joue drôlement bien.
– Tu crois que le nouveau [6] va gagner au jeu?
– J'en suis sûr. Qu'est-ce qu'on [7]?
– Il y a un [8] sur TV5 où on peut gagner quelque chose.
– Moi, je n'ai pas envie de le regarder, il est super [9].

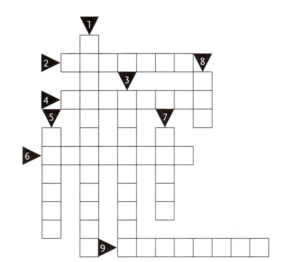

b *Écris une petite histoire ou un dialogue dans ton cahier. Utilise le plus de mots possible* de* **a** *.*

* **le plus de mots possible** so viele Wörter wie möglich

3 *Qu'est-ce qu'il y a à la télé, ce soir? Explique ce programme à un/e ami/e français/e. Écris dans ton cahier.*

* die Unterhaltung **les variétés** f.

48 ——————————————— Approches

■ Petit portfolio de français ■

Mit dem Portfolio kannst du deine Französischfortschritte in den verschiedenen Bereichen Hören, Lesen, Sprechen, Schreiben und Landeskunde in diesem Lernjahr feststellen. Schlage dein Portfolio hierzu regelmäßig auf, am besten, nachdem du einen „bilan autocorrectif" abgeschlossen hast.
Gehe die einzelnen Punkte durch und schätze dich selbst ein. (→ Eiffelturm)

Je m'appelle _____

Je suis né(e) le _____

à _____

classe _____ année scolaire 20_____ – 20_____

J'apprends le français depuis   la classe _____

l'année scolaire _____

Séjours à l'étranger
Auslandsaufenthalte

Je suis allé(e) dans un pays francophone. ☐ oui ☐ non

Quand?   Où?   Pourquoi? (vacances / échange scolaire / ___)

_____   _____   _____

_____   _____   _____

_____   _____   _____

_____   _____   _____

Préparation à un examen de français / Examens de français
Französisch-Prüfungsvorbereitung / Französisch-Prüfungen

année   titre   résultats

_____   _____   _____

_____   _____   _____

_____   _____   _____

_____   _____   _____

_____   _____   _____

Je lis et je sais …

- … Fahrpläne der Pariser U-Bahn verstehen.
- … Fernsehprogramme verstehen.
- … Inhaltsangaben von Filmen und Büchern verstehen.
- … unbekannte Wörter aus dem Textzusammenhang oder mit Hilfe einer anderen Sprache erschließen.
- … Briefe oder E-Mails über Alltagsthemen verstehen.
- … im französischen Internet Recherchen machen.
- … Blogs oder E-Mails verstehen.
- … einfache Rezepte verstehen.
- … Sachtexte und Umfragen verstehen.
- … eine Geschichte verstehen.
- … leichtere authentische literarische Texte verstehen.
- … leichtere Artikel aus Jugendzeitschriften verstehen.
- … authentische Comics verstehen.
- … ein französisches Zeugnis verstehen.
- … ein zweisprachiges Wörterbuch benutzen.

J'écris et je sais …

- … eine E-Mail verfassen.
- … per E-Mail oder Brief Ratschläge erteilen.
- … meine Meinung äußern und argumentieren.
- … ein Buch vorstellen.
- … eine Geschichte zusammenfassen.
- … einen Tagesablauf schildern.
- … mir Notizen machen.

J'écoute et je sais …

- … Telefongespräche verstehen.
- … Wegbeschreibungen verstehen.
- … verstehen, wenn mir jemand eine U-Bahn-Route erklärt.
- … das Thema eines Gesprächs verstehen, auch wenn ich nicht alle Wörter kenne.
- … CD- oder Kassettenaufnahmen zum Lehrwerk verstehen.
- … Lieder verstehen.
- … einen Wetterbericht verstehen.

Petit portfolio de français

Je parle et je sais …

- … sagen, woher ich komme.
- … sagen, welche Sprachen ich spreche.
- … über meine Fähigkeiten und Hobbys sprechen.
- … eine Person beschreiben.
- … meinen Tagesablauf schildern.
- … über meine Gefühle sprechen.
- … für jemanden Alltagsgespräche dolmetschen.
- … über Schule in Frankreich und Deutschland sprechen.
- … meine Meinung äußern und diskutieren.
- … jemandem Ratschläge geben.
- … eine Sendung / ein Buch vorstellen.
- … über die Zukunft reden.
- … über Freundschaft sprechen.
- … über Konflikte reden.
- … Wünsche äußern.
- … Vorschläge unterbreiten.

Civilisation

- Ich kann mich in der Pariser U-Bahn orientieren.
- Ich kenne die Namen der verschiedenen Sehenswürdigkeiten in Paris.
- Ich weiß etwas über Ausflugsziele in Paris.
- Ich weiß etwas über die Veranstaltung „Paris-Plage".
- Ich kenne das französische Schulsystem.
- Ich kenne französische Essgewohnheiten.
- Ich weiß, wie man in Frankreich Weihnachten feiert.
- Ich kenne weitere Festtage in Frankreich.
- Ich kenne die Namen verschiedener französischer Persönlichkeiten (wie z. B.: Sänger/innen, Schauspieler/innen, Regisseure, Sportler, Schriftsteller/innen) und weiß, warum sie bekannt sind.
- Ich kenne den Titel einiger französischer Bücher, Comics, Filme und kann etwas über ihren Inhalt berichten.
- Ich weiß etwas über Quebec (Geschichte, Geographie, Gegenwart, die Stadt Montreal).
- Ich weiß etwas über das Mittelalter in Frankreich.
- Ich weiß etwas über den Thalys.
- Ich weiß etwas über die französische Renaissance.
- Ich weiß etwas über die Loire-Gegend.

x — noch nicht so gut
x x — gut
x x x — sehr gut

Mes activités pour mieux apprendre le français
Meine besonderen Beschäftigungen mit der französischen Sprache

Lire et écouter

Lectures / B.D. / journaux / magazines / ___ ☐ oui ☐ non

Quand? auteur, titre

_____ _____

_____ _____

Films / émissions télévisées / émissions radiophoniques / spectacle ☐ oui ☐ non

Quand? auteur, titre thème

_____ _____ _____

_____ _____ _____

Écrire et parler

Exposés / présentations / productions ☐ oui ☐ non

Quand? thème

_____ _____

_____ _____

_____ _____

Projets ☐ oui ☐ non

Quand? thème mes activités

_____ _____ _____

_____ _____ _____

_____ _____ _____

Contacts (rencontres / téléphone / lettre / e-mail / chat / ___) ☐ oui ☐ non

Quoi? Quand? (très souvent / souvent / pas très souvent / rarement)

_____ _____

_____ _____

_____ _____

SÉQUENCE 1

1 *Ce n'est pas vrai. Corrige les erreurs dans ton cahier.* (→ Texte, p. 65)

1. «Les Choristes» raconte la dure réalité dans un internat en 2003.
2. Les cinq copains ont vu ce film et tout le monde l'a aimé.
3. Marion avait envie de pleurer à la fin du film parce qu'elle était déprimée.
4. Tim a trouvé la fin du film ennuyeuse.
5. Romain trouve que les acteurs jouent mal.
6. Romain préfère les films d'amour.
7. Brandon pense qu'on va vite oublier ce film.
8. La musique du film a beaucoup plu à Romain.

2 ○ *Que disent-ils? Formule les phrases. Utilise l'impératif et le pronom* me *ou* moi. *Attention à la place du pronom.*
(→ Repères, p. 73/4)

1. donner / journal

2. ne pas téléphoner maintenant

3. écouter

4. ne pas dire / aimer le film

5. regarder – dire / vérité

6. ne pas raconter / histoires

SÉQUENCE 1 — 49

3 ● *Complète les mini-dialogues. Utilise un pronom et l'impératif à la forme affirmative ou négative.*
(→ Repères, p. 73/4)

1. – Je suis fatigué. Je n'ai pas envie d'aller au ciné avec vous.

   – *Eh bien, n'y va pas!* _____

2. – Ces chaussures sont bien trop chères, je ne peux pas les acheter.

   – _____

3. – Je n'ai plus d'argent, je ne peux rien offrir à mes parents.

   – _____

4. – Je voudrais parler à Sabrina parce que je ne comprends pas pourquoi elle est furieuse contre moi.

   – _____

5. – J'ai envie d'inviter Laura à mon anniversaire.

   – _____

6. – Je n'ai pas du tout envie de partir en Italie avec le club de basket.

   – _____

7. – Je préfère écrire à Paul parce que j'ai un peu peur de sa réaction.

   – _____

8. – Je n'ai pas trop envie de regarder l'émission Thalassa ce soir!

   – _____

9. – Mmm! J'ai envie de prendre cette mousse au chocolat qui a l'air d'être super bonne.

   – _____

4 **a** *Relie et retrouve les douze adjectifs.*

musi	sive
origin	ifs
sé	euse
heur	ional
bru	ux
généré	rieux
répres	aux
ennu	yeuses
sport	essives
agr	se
internat	cales
furieu	tale

b *Écris les adjectifs de* **a** *dans la bonne colonne et donne leur genre et leur nombre (masculin ou féminin, singulier ou pluriel).*

-if/-ive/-ifs/-ives	-al/-ale/-aux/-ales	-eux/-euse/-eux/-euses
_____	*musicales (f. pl.)* _____	_____
_____	_____	_____
_____	_____	_____
_____	_____	_____
_____	_____	_____

c *Écris au moins six phrases dans ton cahier avec des adjectifs de* **a** *.*

5 **a** *Complète les phrases suivantes par une forme du verbe suivre.* (→ Les verbes, p. 142)

1. Il la _____ comme un chien.
2. Je suis un chien et je _____ un chat.
3. _____-moi!
4. Les policiers _____ (p.c.) un bandit.
5. Nous _____ (imparfait) la voiture.
6. Je voudrais bien savoir pourquoi ces deux types nous _____ .

b *À quelle phrase de* **a** *correspond chaque dessin?*

6 *Ton/Ta correspondant(e) te propose d'aller voir un film. Tu préfères aller voir un autre film, mais il/elle n'est pas d'accord. Imagine un dialogue. Écris dans ton cahier. Tu peux utiliser:*

J'aime / Je n'aime pas / J'adore ___ .
___ (ne) me plaît (pas) / (ne) me plaisent (pas).
C'est / Ce n'est pas intéressant/ réaliste/___ .
Il n'y a pas / Il y a trop d'action / de suspense.
C'est impressionnant/ ennuyeux/___ .
Je préfère ___ .
Je déteste ___ .
Les acteurs ___ .
L'histoire ___ .
Ça va bien avec ___ .
Je trouve que ___ .
___

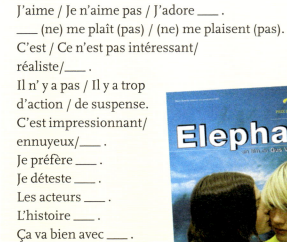

SÉQUENCE 1

DELF **7**   *Fais l'exercice auditif, p. 91.*

La France en direct: Les enfants dans le cinéma français

8 **a** *Lis les résumés de films. Cherche les mots que tu ne comprends pas dans un dictionnaire.*
(→ Méthodes et stratégies, p. 59/12)

Les mots bleus: Anna vit seule avec sa mère. Elle est très déprimée. Enfant solitaire, elle ne veut pas parler. Un éducateur spécialisé essaie de l'aider, mais ce n'est pas facile.

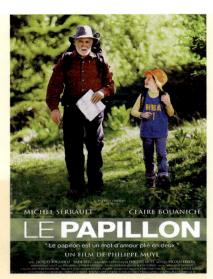

Le papillon: Julien, un vieux monsieur, collectionne les papillons. Un jour, il part en montagne, pour le Vercors à la recherche d'un beau papillon rare avec Elsa, une petite fille délaissée par sa mère.

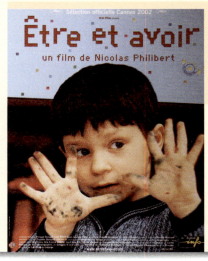

Être et avoir: Ce documentaire raconte la vie d'une classe unique dans une petite école de village en Auvergne. Jojo, un petit garçon de quatre ans, veut devenir plus tard instituteur comme M. Lopez, son instituteur.

La petite chartreuse: Étienne Vollard, un libraire qui souffre de solitude, renverse Éva, une petite fille que sa maman a oublié d'aller chercher à l'école. La fillette tombe dans le coma. Le libraire décide de passer son temps auprès de la petite fille et lui lit des histoires.

D'après: Le Nouvel observateur, n° 2102, 17–23/02/2005

b *Réponds aux questions.*

1. Tu es en France et tu vas au cinéma. Quel film est-ce que tu choisis? Pourquoi?
2. Quels autres films français est-ce que tu connais?

SÉQUENCE 2

1 Quel sous-titre* va avec quel livre?
(→ Texte, p. 68–69)

1 *Là-bas, ce n'était pas si mal*
2 **Une fille bien**
3 *Il a quand même eu de la chance*
4 **Mourir une deuxième fois**

1. _____
2. _____
3. _____
4. _____

*le sous-titre der Untertitel

2 **a** À quoi est-ce que tu penses quand tu entends le mot lire? Complète. (→ Liste alphabétique, p. 188)

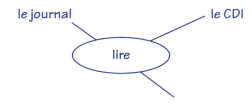

b Formule quatre phrases avec des mots de **a**.

_____
_____
_____
_____

3 Finis les phrases. Utilise l'infinitif.

1. Est-ce que tu peux m'aider à _____ ?
2. Je voudrais apprendre à _____ .
3. J'ai commencé à _____ .
4. Est-ce que je vais réussir à _____ ?
5. Il faut que tu continues à _____ .
6. Où est-ce que vous avez appris à _____ ?

4 **a** *Complète les questions par* qu'est-ce qui *ou* qu'est-ce que/qu'. (→ Repères, p. 73/5, 6)

1 _____ te plaît le plus dans cette bédé?

4 Mais enfin, _____ te dérange chez cet auteur?

2 _____ on offre à Lara? La dernière bédé de Titeuf ou de Jules?

5 _____ tu as déjà lu d'Agnès Desarthe?

3 _____ intéresse Max? Tu as une idée?

6 Alors, _____ on prend? Un roman d'aventure ou un roman d'amour?

b *Complète les réponses par* ce qui *ou* ce que/qu'.

D J'ai tout lu. J'adore _____ elle écrit, c'est mon écrivain préféré.

A Choisis _____ tu veux.

E Les dessins. _____ m'amuse surtout, ce sont ses dessins d'animaux.

B Je sais _____ va lui faire plaisir!

C Je ne sais pas trop _____ elle aime.

F Il est nul! Je ne comprends pas _____ te plaît chez lui.

c *Regarde le dessin et note le numéro et la lettre de* **a** *et de* **b** *qui correspondent à la situation.*

54 _____ **SÉQUENCE 2**

5  *Fais le tandem, p. 86.*

6 **a** *Complète ce tableau.* (→ Les verbes, p. 138–142)

infinitif	présent 1ʳᵉ pers. sing.	présent 1ʳᵉ pers. pl.	passé composé 1ʳᵉ pers. sing.
battre	_____	_____	_____
_____	_____	nous suivons	_____
abattre	_____	_____	_____
_____	je décris	_____	_____
_____	_____	_____	j'ai construit

b *Complète par la forme correcte du verbe.*

1. – Comment je fais pour arriver chez toi? Il faut que tu me _____ (décrire, subjonctif) le chemin.

2. – C'est facile: _____ (suivre, impératif) la rue Lepic jusqu'au feu et tourne à gauche, c'est la troisième maison après le supermarché.

3. Je ne veux pas que vous _____ (se battre, subjonctif).

4. Philippe est né quand ses parents _____ (construire, imparfait) leur maison.

5. Ce matin, un chien _____ (suivre, passé composé) Alice jusqu'au collège.

6. Tim _____ (décrire, imparfait) un personnage de son roman préféré quand un élève est entré dans la classe.

Réviser: Les pronoms objet direct et indirect

7 *Complète par un pronom objet direct ou indirect.*

Les élèves de la quatrième C présentent différents romans. Sophie présente L'Œil du loup* de Daniel Pennac. Tout le monde _____ écoute: «Dans un zoo, l'œil d'un vieux loup raconte toute sa vie à un jeune Africain. J'ai beaucoup aimé ce livre, je _____ trouve bien écrit. C'est une belle histoire d'amitié entre un animal et un enfant, c'est sensible et ça _____ touche.» Les camarades de Sophie _____ posent des questions. Sophie y répond et _____ dit de lire ce livre. Charlotte a lu Piège en forêt, mais elle n'a pas trop aimé l'histoire. Son professeur _____ demande pourquoi l'histoire ne _____ a pas plu. «Je ne _____ trouve pas réaliste. Des bandits prennent un jeune en otage pour _____ aider ensuite. N'importe quoi!»

*le loup der Wolf

SÉQUENCE 2   55

▮▮▮▮▮▮▮ La France en direct: L'ordinateur

8 *Trouve dans le texte comment on dit ces mots en français.*

1. die Festplatte

_____

2. die Textverarbeitung

_____

La passion de l'ordinateur

À l'âge de deux ans, Valentin utilisait déjà la souris, il savait cliquer, ouvrir, fermer les fenêtres, balader son curseur sur l'écran. À trois ans et demi, il allumait tout seul l'ordinateur, et à 5 ans il utilisait son premier cédérom. À sept ans et demi, il savait confectionner des documents, les sauvegarder, utiliser le traitement de texte et organiser son disque dur. Aujourd'hui, il a huit ans, il commence à surfer sur Internet.

3. anklicken   4. speichern   5. der Bildschirm   6. der Cursor

_____   _____   _____   _____

▮▮▮▮▮▮▮ Lecture: La nouvelle

9 **a** *Lis cet extrait de Zéro, le monde. Cherche les mots que tu ne comprends pas dans un dictionnaire.*
(→ Méthodes et stratégies, p. 59/12)

Une nouvelle est arrivée. D'habitude, les nouveaux ne ressemblent à rien, c'est comme ça. Ils sont comme tout le monde, des cheveux, des yeux, un nez, rien de spécial. [...]

Quand elle a passé la porte, la première chose que j'ai vue, c'est qu'elle était toute fine dans son jean, avec son sweat Adidas et son gros cartable sur le dos. Tellement énorme qu'elle avance courbée, un peu comme une tortue, mais en plus jolie. Elle a des cheveux longs, avec des mèches plus claires sur le dessus. Mme Poquet nous l'a présentée.
– Voici Mérédith Galoup, votre nouvelle camarade. Elle arrive de Lyon et elle ne connaît personne. Je compte sur vous pour lui réserver le meilleur accueil. Sit down, please, Mérédith, and take your book.
Elle s'est avancée entre les rangées pour s'arrêter devant ma table. Elle s'est assise devant Manu qui est à côté de moi. La vue était parfaite.
La prof continuait:
– Saviez-vous que Mérédith est un prénom anglo-saxon?
Ben, non, trognon.
– Une contraction de Marie-Édith, devenue un prénom à part entière. Jamais entendu un truc pareil. Sur quatre cents élèves, elle est la seule à s'appeler comme ça. Peut-être même qu'en France il n'y a pas une seule autre Marie-Édith, et ça, c'est un signe!
– Il me semble que c'était aussi le prénom d'une célèbre poétesse, mais son patronyme m'échappe.
J'ai pas osé le dire, mais tout lui échappe, elle a des fuites au ciboulot[1]. Alors, j'ai tenté un coup:
– Alzheimer peut-être?
Ricanement général sauf la prof et la nouvelle. [...]
La nouvelle a tourné la tête vers moi, ses cheveux coulaient sur son sweat avec une lenteur hallucinante. Elle a planté son regard droit dans le mien. Tchac. Bleu pas possible, c'est leur couleur. J'en ai eu le souffle coupé. Ma bouche était sèche, et dans ma tête ça battait la techno! J'ai cru un instant que mon cœur allait déménager sans prévenir. Elle m'a fixé si longtemps que j'ai dû baisser les yeux. [...]
À la fin du cours, j'ai cherché à me rattraper. Je me suis placé à côté de Mérédith et illico[2] je me suis retrouvé dans une odeur de fleurs.
– Moi, c'est Dominic.

1 **le ciboulot** *fam.* = la tête 2 **illico** *fam.* = tout de suite

D'après: Frédérique Martin, Zéro, le monde, éditions Thierry Magnier, 2005

DELF   **b** *Réponds aux questions dans ton cahier.*

1. Où sont les élèves?
2. Qui est Mérédith?
3. Comment est-ce que Dominic la trouve? Justifie ta réponse à l'aide du texte.

c *Complète le dessin à l'aide du texte.* (→ Liste alphabétique, p. 188)

d *Imagine une suite à l'histoire. Écris-la dans ton cahier.*

56 _____   **SÉQUENCE 2**

Bilan autocorrectif

1 Qu'est-ce qu'on dit?

Lisa voudrait parler à sa correspondante d'un film français qui lui a beaucoup plu, mais elle ne sait pas le dire en français. Traduis les phrases pour elle.

1. Die Handlung spielt in Paris, in Montmartre.

   _____

   _____

2. Die Hauptperson ist eine junge Frau, die in einem Café arbeitet.

   _____

   _____

3. Die Hauptperson spielt sehr gut und alle Schauspieler sind gut.

   _____

   _____

4. Der Film ist nicht sehr spannend, aber lustig und sensibel.

   _____

   _____

5. Die Geschichte gefällt mir, weil sie mich ergreift.

   _____

   _____

2 Vocabulaire

Trouve trois mots pour chaque rubrique.

1. la télévision: _____

2. le cinéma: _____

3. la littérature: _____

3 Les adjectifs

a *Retrouve les adjectifs.*

p r s t i f o   a l p r i p n i c   a n t r e u l   p l o i c i r e   e u x é g r é n

_____   _____   _____   _____   _____

b *Complète par un adjectif de* **a** *. N'oublie pas l'accord!*

D'abord il faut décrire les personnages _____ .

Ma grand-mère est _____ . Elle me donne souvent de l'argent.

Mes copines font du handball. Elles sont très _____ .

Tu as regardé l'histoire _____ sur Canal +?

Les acteurs sont très _____ .

Bilan autocorrectif _____ **57**

4 Die Pronomen beim Imperativ   Les pronoms avec l'impératif

Écris le contraire.

1. Ne me parle pas de cette histoire. _____
2. Dites-lui la vérité. _____
3. Ne te couche pas maintenant. _____
4. Écoutons-la. _____
5. N'y va pas! _____
6. Donne-leur ces livres. _____

5 Die Fragen mit „qu'est-ce que" und „qu'est-ce qui"   Les questions avec «qu'est-ce que» et «qu'est-ce qui»
Die Pronomen „ce qui" und „ce que"   Les pronoms «ce qui» et «ce que»

Complète.

Tu pleures?! _____ ne va pas?

Je pleure à cause de _____ tu m'as dit hier.

_____ tu fais? Tu viens avec nous?

Oui, d'accord. Euh, non! Je reste ici.

Oh là là! Tu ne sais jamais _____ tu veux.

Ben quoi? _____ te dérange?

Avec toi, je ne peux jamais faire _____ me plaît.

_____ on fait demain soir?

Je ne sais pas, _____ te fait plaisir.

6 Conjugaison

Complète. Utilise la forme correcte des verbes.

Die Lösungen findest du auf Seite 94.

1. – Tu _____ le match hier soir? (suivre)
2. – Oui, l'Italie _____ la France. (battre)
3. On _____ un château de sable? (construire)
4. Hier, la victime _____ (décrire) son agresseur à la police.

58   **Bilan autocorrectif**

UNITÉ 5 L'école, aujourd'hui et demain

Approches

1 *Relis le texte, p. 78–79, puis ferme ton livre et complète le schéma.*

☐1 De 3 à 5 ans, les élèves vont à _____ → ☐2 De 6 à 10 ans, ils vont à _____

☐3 De 11 à 15 ans, ils vont au _____ . → ☐4 À 15 ans, ils passent le _____ .

☐5 Après, ils vont au _____ pendant trois ans jusqu'au bac.

☐6 Ils peuvent aussi aller dans _____ pendant deux ans et passer le B.E.P. Après le B.E.P., ils peuvent continuer deux années

et passer _____ .

2 *Complète.* (→ Liste des mots, p. 171)

Une ☐1 : douze mois.
Une heure de cours ☐2 45 minutes en Allemagne.
☐3 : C'est un mot de la même famille qu'«école».
Après le collège, on peut aller au ☐4 .
La ☐5 du temps, les enfants font des dessins ou jouent à l'école maternelle.
Tu veux passer en 3ᵉ? Alors, je te ☐6 de travailler sérieusement.
On peut aller à l'☐7 après le ☐8 .
On passe le ☐9 à la fin de la 3ᵉ.
Après son bac pro, il est devenu ☐10 .
Il a déjà vu cette fille ☐11 , mais il ne sait plus où.

Approches — 59

SÉQUENCE 1

DELF **1** *Est-ce que c'est vrai ou faux? Corrige les phrases fausses dans ton cahier.*
(→ Texte, p. 80)

	vrai	faux
1. Romain écrit souvent à Florian.	☐	☐
2. Romain a encore beaucoup de devoirs sur table avant la fin de l'année.	☐	☐
3. Romain a quelques problèmes en géo et en français, mais il pense passer en 3ᵉ.	☐	☐
4. Romain demande à Florian ce qu'il peut leur offrir à lui et à sa famille.	☐	☐
5. Au programme de l'échange, les Français iront seulement en cours de français.	☐	☐
6. Pendant l'échange, ils feront un match de handball.	☐	☐
7. Ils feront une balade en train à Coblence.	☐	☐
8. Florian voudrait un CD de rap français avec les textes dedans.	☐	☐
9. Florian et ses parents viendront chercher Romain à la gare.	☐	☐

2 **a** *Retrouve les treize mots. Les lettres qui restent forment un message.* (→ Liste des mots, p. 171)

Le message:

_____

_____

_____

T	R	I	M	E	S	T	R	E	E	N	F	E	R	R	O	M
A	I	N	B	U	L	L	E	T	I	N	V	I	S	I	T	E
R	A	L	A	C	D	É	L	É	G	U	É	A	T	H	É	D
D	E	V	O	I	R	R	S	U	R	A	T	A	B	L	E	L
C	O	N	S	E	I	L	E	D	E	E	C	L	A	S	S	E
A	N	N	É	E	T	S	C	O	L	A	I	R	E	D	E	U
M	A	T	I	È	R	E	X	M	P	A	S	S	E	R	U	S
A	P	P	R	O	C	H	E	R	É	C	O	M	P	T	E	R
M	A	X	I	M	U	M	E	S	P	R	O	C	H	A	I	N

b *Complète le texte avec des mots de* **a** .

Les vacances _____. C'est formidable. Mais avant, les élèves doivent faire plein de

_____. Ça, c'est plutôt l'_____. Vers la fin du

_____, il y aura les _____. Tous les profs d'une classe se

rencontrent pour discuter. Romain y va aussi parce qu'il est _____. Il doit faire son

_____ pour aider ses camarades.

Après, les élèves recevront leur _____ avec une note dans chaque

_____. Romain _____ les jours avant la fin de

l'_____. L'année _____, il _____ en

troisième.

DELF **3** *Fais l'exercice auditif, p. 91.*

60 _____ SÉQUENCE 1

4 *Complète par des formes des verbes* plaindre *ou* se plaindre. (→ Les verbes, p. 141)

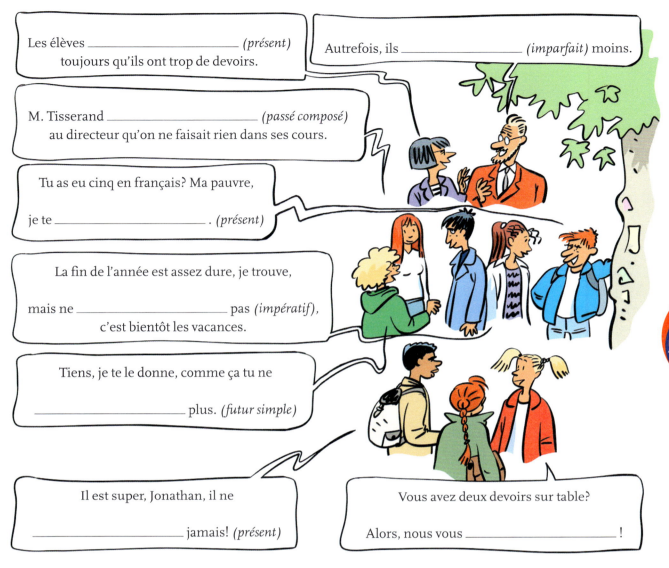

Les élèves _____ (présent) toujours qu'ils ont trop de devoirs.

Autrefois, ils _____ (imparfait) moins.

M. Tisserand _____ (passé composé) au directeur qu'on ne faisait rien dans ses cours.

Tu as eu cinq en français? Ma pauvre, je te _____ . (présent)

La fin de l'année est assez dure, je trouve, mais ne _____ pas (impératif), c'est bientôt les vacances.

Tiens, je te le donne, comme ça tu ne _____ plus. (futur simple)

Il est super, Jonathan, il ne _____ jamais! (présent)

Vous avez deux devoirs sur table? Alors, nous vous _____ !

5 a ⭘ *Gabriel a pris de bonnes résolutions* pour l'année prochaine. Complète les phrases au futur simple. Utilise les verbes* apprendre, avoir, être *(2 x)*, faire, lire, regarder, rêver. (→ Repères, p. 87/3)

1. Je ne _____ plus la télé jusqu'à minuit tous les soirs.

2. Je _____ mes devoirs tous les jours … tous les deux jours.

3. Je _____ le meilleur de la classe!

4. J'_____ des super notes en maths.

5. Je _____ plus sympa avec mes camarades.

6. Je _____ plein de livres.

7. J'_____ bien mes leçons.

8. C'est promis, je ne _____ plus en cours!

* **prendre de bonnes résolutions** gute Vorsätze fassen

b *Et toi, quelles sont tes bonnes résolutions pour l'année prochaine? Écris encore quatre phrases au futur simple dans ton cahier.*

SÉQUENCE 1 — 61

6 a *Comment sera la vie dans cent ans? Un futurologue[1] a répondu à cette question. Mets les verbes entre parenthèses au futur simple.* (→ Repères, p. 87/3)

Vous _____ (voir), mesdames et messieurs, beaucoup de choses _____ (changer), d'autres pas. Dans vingt ans, il y _____ (avoir) beaucoup de problèmes. Le chômage _____ (être) le problème numéro un. Beaucoup de gens _____ (ne plus avoir) de travail, mais les gens qui _____ (travailler) _____ (devoir) travailler de plus en plus et ils _____ (ne plus avoir) de vacances. Nous _____ (manger) différemment[2] à cause de la pollution. Par exemple, on _____ (ne plus voir) de fruits et légumes sur le marché. Alors, nous _____ (acheter) des pilules[3]. Et l'eau _____ (être) très chère … Les gens _____ (ne plus prendre) la voiture. Ils _____ (faire) leurs courses à vélo … On _____ (trouver) de nouveaux médicaments[4] et les gens _____ (pouvoir) vivre plus longtemps. Les enfants _____ (ne plus aller) à l'école. Ils _____ (apprendre) et ils _____ (parler) à leurs professeurs de chez eux …

1 **le futurologue** der Zukunftsforscher 2 **différemment** anders
3 **la pilule** die Pille 4 **le médicament** das Medikament

b *À toi. Écris un petit texte dans ton cahier pour répondre à la question de* a *.* (→ Repères, p. 87/3)

Réviser: Les verbes en -yer

7 a *Retrouve les formes de quatre verbes au présent, au futur simple, à l'imparfait et au passé composé et écris-les dans ton cahier avec les pronoms. Écris aussi l'infinitif de ces verbes.* (→ Les verbes, p. 138)

b *Utilise des formes de* a *dans des phrases. Écris-en au moins six dans ton cahier.*

Réviser: Les verbes en -dre

8 **a** *Retrouve les douze verbes et écris-les.* (→ Les verbes, p. 138–142)

b *Quels verbes ont la même conjugaison? Fais trois listes dans ton cahier.*

Lecture – Un test: La rentrée, ça te fait peur?

9 *Fais le test.*

C'est le jour de la rentrée …

1. Ce jour-là, tu es
   a complètement déprimé(e).
   b content(e) parce que tu vas revoir les copains.
   c en pleine forme pour commencer l'année.

2. Tu penses
   a encore aux vacances.
   b déjà au programme de la rentrée.
   c à … à quoi déjà? Tu ne sais plus.

3. De quoi est-ce que tu as besoin?
   a De nouvelles baskets.
   b De repartir en vacances.
   c De copains solidaires et sympa.

4. Cette année, ça va être
   a très dur.
   b pas trop dur.
   c très facile!

5. Tu vas travailler
   a là, maintenant, tout de suite.
   b à la fin de l'année.
   c un tout petit peu …

6. Tu penses à la rentrée
   a pendant toutes les vacances.
   b deux semaines avant la rentrée.
   c le jour de la rentrée.

Les résultats:
Tu as trois **a** et plus. Tranquille!!! Tu te fais trop de soucis. Travaille sérieusement, mais pas de panique! Et pense aussi aux bons moments.
Tu as trois **b** et plus. Tu as du mal à commencer l'année. Quand tu penses à tous ces devoirs qui t'attendent, tu n'as envie de rien faire. Mais les copains sont là, heureusement.
Tu as trois **c** et plus. Les vacances t'ont fait du bien et tu es prêt(e) pour commencer cette nouvelle année. Pour toi, tout va bien!

SÉQUENCE 2

1 *Complète.* (→ Texte, p. 83–84)

Romain et Marion, qui vont ensemble dans un collège ⬜1⬜, écoutent une émission sur l' ⬜2⬜ de l'école.
Dans quelques années, l'école sera peut-être ⬜3⬜ jusqu'à dix-huit ans.
Un ⬜4⬜, qui remplacera le prof, pourra ⬜5⬜ les élèves sans problème.
Chacun aura un ⬜6⬜ électronique avec plein d' ⬜7⬜.
Il faudra peut-être passer quelques mois ou un an à l' ⬜8⬜ et tout ⬜9⬜ pour trouver du travail.

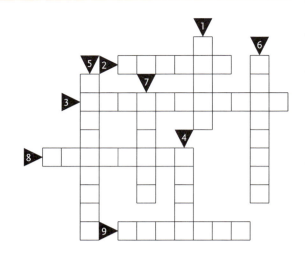

2 ○ *Retrouve l'ordre des mots et écris les phrases.* (→ Repères, p. 87/4)

1. elle ses offriront passe vélo lui 3ᵉ parents un en si

   _____

2. ping-pong vite nos on de devoirs, aura temps finit le jouer au si on

   _____

3. si collège rate en le arrivera bus on retard on au

   _____

4. comprends tu aiderai ne pas exercice t' cet si je

   _____

5. à bus j' il s' irai école demain en pleut l'

   _____

3 ● *Qu'est-ce qu'ils disent? Complète les phrases.* (→ Repères, p. 87/4)

Si tu n'_____ pas devant le collège à quatre heures, je _____ sans toi.

Si vous _____ de bons bulletins, je vous _____ un beau cadeau.

1. être / partir

2. avoir / faire

64   **SÉQUENCE 2**

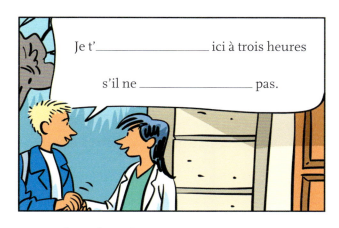

3. attendre / pleuvoir

Je t'_____ ici à trois heures s'il ne _____ pas.

Pendant les vacances, on _____ en Camargue avec des amis de mes parents s'ils _____ venir avec nous.

4. aller / pouvoir

5. réussir / travailler

Vous _____ au brevet si vous _____ sérieusement.

6. faire / avoir

Si vous _____ attention, vous _____ de meilleurs résultats.

4 *Qu'est-ce qu'ils disent? Forme les phrases et écris-les dans ton cahier. Utilise la phrase conditionnelle.* (→ Repères, p. 87/4)

1. faire beau – visiter / Île Saint-Louis
2. vous / vouloir – aller / parc Citroën
3. nous / avoir le temps – prendre / bateau
4. nous / faire – pleuvoir?
5. nous / aller / musée Rodin – être ouvert
6. nous / pouvoir aller / théâtre de la Huchette – y avoir / places?

SÉQUENCE 2   65

5  *Fais le tandem, p. 87.*

6 *Ton copain va partir avec ses parents habiter en France. L'année prochaine, il ira à l'école à Paris. Explique-lui le système scolaire français … en allemand. Écris dans ton cahier.*

La France en direct: Un bulletin

DELF **7** *Regarde ce bulletin et réponds aux questions.*

```
CLG EDOUARD HERRIOT 43/45                                    Année scolaire 2005–2006
RUE EDOUARD HERRIOT 60180
NOGENT SUR OISE
03.44.71.32.26                        BULLETIN DU 2ème TRIMESTRE

Née le 24/03/1992        Élève: Fatima Hallimi
Formation-division: 4G/4EME4
25 élèves
Doublement: non          Régime: EXT.
Formation antérieure: 5G/ 5EME3
Eff • effectif pour la matière   E ' évolution
```

Matières / Nom des professeurs	Moy Elève	Eff	E	Moy Classe	Max	Min	Appréciations des professeurs
FRANÇAIS / ML RALIARIVONY	15.17	25	→	8.89	16.23	1.54	Elève intéressée et motivée. Ses résultats manifestent un investissement important et une réflexion approfondie. Il faut continuer ainsi.
HISTOIRE & GEOGRAPH. / M. MATHIEU	17.81	25	↑	11.03	17.92	4.79	Excellent travail
MATHEMATIQUES / ML GAMMELLA	16.62	25	↓	9.85	16.62	4.32	Très bon trimestre. Fatima comprend facilement le cours et a d'excellents acquis en mathématiques. Attention cependant aux erreurs d'étourderie en contrôle!
TECHNOLOGIE / M. TROTEREAU	19.00	25	→	15.26	19.00	10.25	Excellent travail
EDUCATION MUSICALE / ML WEBER	16.80	25	↓	12.30	18.00	1.60	Très bon trimestre, continue dans cette voie
ARTS PLASTIQUES / M. GREMBER	16.50	25	↓	11.68	19.00	0.00	Excellent …
ED. PHYSIQUES SPORT. / ML GASSET	13.56	25	↓	12.53	16.19	10.13	Bonne participation
SCIENCES VIE & TERRE / ML CARON	17.81	25	↑	11.23	17.81	1.23	Elève très studieuse, qui s'implique dans son travail. Excellent trimestre
PHYSIQUE-CHIMIE / M. KIFFER	13.75	24	↓	7.20	14.00	1.00	Bon trimestre
ANGLAIS LV1 Option / ML POIRIER	17.74	25	→	10.47	17.74	2.97	Excellent trimestre
ESPAGNOL LV2 Option / ML LAMARI	19-13	25	→	11.10	19.13	2.82	Excellent trimestre, félicitations!
MOYENNE GENERALE	16.72		↓	11.05	16.72	5.28	

```
PROFESSEUR PRINCIPAL: ML POIRIER
1/2j absences 4          non justifiées: 0         Retards: 0
ORIENTATION PROVISOIRE:

Observation du président du conseil de classe.      Le chef d'établissement
Très bon trimestre                                  Félicitations du conseil de classe.
```

                                                                          vrai   faux

1. Fatima est en quatrième. ☐ ☐
2. Fatima est bonne en anglais. ☐ ☐
3. Fatima apprend l'italien à l'école. ☐ ☐
4. Cette année, Fatima a des cours de chimie. ☐ ☐
5. Le prof de français trouve que Fatima ne travaille pas assez. ☐ ☐
6. Le prof de mathématiques trouve que Fatima travaille bien mais parle trop. ☐ ☐
7. Le prof de S.V.T. pense que Fatima rêve trop. ☐ ☐

Lecture: 35 kilos d'espoir

8 **a** *Lis ce texte et cherche les mots que tu ne comprends pas dans un dictionnaire.*
(→ Méthodes et stratégies, p. 59/12)

b *Réponds aux questions dans ton cahier.*

1. Le personnage principal est-il une fille ou un garçon? Justifie ta réponse.
2. Qu'est-ce que tu apprends sur le personnage principal? Présente-le avec tes mots.
3. Relis les lignes 1 à 12. Souligne d'une couleur les verbes au passé composé, d'une autre couleur les verbes à l'imparfait et explique leur emploi en allemand.
4. «35 kilos d'espoir»: À ton avis, qu'est-ce que ce titre veut dire?

Jusqu'à l'âge de trois ans, je peux dire que j'ai été heureux. Je ne m'en souviens plus vraiment, mais, à mon avis, ça allait. Je jouais, je regardais ma cassette de *Petit Ours brun* dix fois de suite, je dessinais et
5 j'inventais des milliards d'aventures à Grodoudou, mon chien en peluche que j'adorais. Ma mère m'a raconté que je restais des heures dans ma chambre à parler tout seul. Je pense donc que j'étais heureux. À cette époque de ma vie, j'aimais tout le monde,
10 et je croyais que tout le monde s'aimait. Et puis, quand j'ai eu trois ans et cinq mois, patatras! l'école. […]
Maintenant j'ai treize ans et je suis en sixième. Oui, je sais, il y a quelque chose qui ne va pas. Je vous ex-
15 plique tout de suite, ce n'est pas la peine de compter sur vos doigts. J'ai redoublé deux fois: le CE2 et la sixième.
L'école, c'est toujours le drame à la maison, vous pouvez imaginer … Ma mère pleure et mon père
20 m'engueule, ou alors c'est le contraire, c'est ma mère qui m'engueule et mon père qui ne dit rien. Moi, ça me rend malheureux de les voir comme ça, mais qu'est-ce que je peux faire? Qu'est-ce que je peux leur dire dans ces cas-là? Rien. Je ne peux rien
25 dire parce que si j'ouvre la bouche, c'est pire que tout. Eux, ils ne trouvent qu'une chose à répéter comme des perroquets: «Travaille!» «Travaille!» «Travaille!» «Travaille!» «Travaille!» D'accord, j'ai compris. […] Je voudrais bien tra-
30 vailler; mais le problème, c'est que je n'y arrive pas. Tout ce qui se passe à l'école, c'est du chinois pour moi. Ça rentre par une oreille et ça ressort par l'autre. On ma emmené voir des milliards de doc-teurs, pour les yeux, pour les oreilles, et même pour
35 le cerveau. Et la conclusion de tout ce temps perdu, c'est que j'ai un problème de concentration. Tu parles! Moi, je sais très bien ce que j'ai, il suffit de me le demander. Je n'ai pas de problème. Je n'en ai aucun. C'est juste que ça ne m'intéresse pas.
40 Ça ne m'intéresse pas. Point à la ligne.

D'après: Anna Gavalda, 35 kilos d'espoir, Bayard Éditions jeunesse, 2002

Méthodes et stratégies

9 *Classe ces noms d'après leur terminaison, puis écris-les dans ton cahier avec l'article indéfini. Quels noms sont féminins? Quels noms sont masculins? (→ Méthodes et stratégies, p. 90/10)*

disquette
morceau
félicitation
baguette
boulangerie
casquette
charcuterie
solution
mobylette
bateau
clarinette
relation
voiture
chaussure
réaction
confiture
tablette
château
cadeau
vitrine
pollution
cantine
cabine
librairie
oiseau
tartine

SÉQUENCE 2   67

Bilan autocorrectif

1 Vocabulaire

Complète.

1. Après la troisième, on peut aller au ☐☐☐☐☐.
2. La chimie est une ☐☐☐☐☐☐☐ qui m'intéresse.
3. Une année a quatre ☐☐☐☐☐☐☐☐☐☐.
4. Comment sera notre ☐☐☐☐☐☐?
5. Est-ce qu'on remplacera les profs par des ☐☐☐☐☐☐?

2 Qu'est-ce qu'on dit?

Parle de Marie en français.

Marie geht in die quatrième. Das Schuljahresende rückt näher und sie muss noch viele Klassenarbeiten (Schulaufgaben) schreiben. Sie hat Probleme in Englisch, aber sie ist gut in fast allen Fächern, und sie denkt, dass sie in die troisième vorrücken wird.

3 Le futur simple

Écris la 1ʳᵉ personne du singulier de ces verbes au futur simple.

jouer	finir	prendre
aller	avoir	être
faire	pouvoir	savoir
venir	voir	vouloir

4 Der reale Bedingungssatz La phrase conditionnelle au futur

Forme les phrases.

1. elle / rater / devoir de maths – elle / ne rien faire
2. il / avoir son bac – il entrer / université
3. je / réussir au brevet – je faire / fête
4. nous / faire un voyage à Paris / nous / aller / parc André Citroën.

Die Lösungen findest du auf Seite 95.

UNITÉ 6 Tim au Québec

■ Approches

1 **a** *Choisis la photo que tu préfères et décris-la. Écris dans ton cahier.*
(→ Méthodes et stratégies, p. 104/9)

  b *Est-ce que tu aimerais visiter le Québec? Pourquoi?*
Écris dans ton cahier.

2 *Retrouve les mots et écris-les avec l'article défini.* (→ Liste des mots, p. 175)

Approches — 69

SÉQUENCE 1

1 *Relis le texte, p. 94: Qu'est-ce que tu apprends sur les points suivants? Réponds dans ton cahier.*

| la Gaspésie | le camp de vacances de Pabos Mills | le français du Québec |

2 **a** *Quels noms vont avec quels verbes? Retrouve les paires et écris-les dans ton cahier.* (→ Liste alphabétique, p. 188)

b *Forme des phrases avec cinq de ces paires.*

échanger	les vacances
passer	la cuisine
aller	un sport
faire	en ville
prendre	ses impressions
donner	un spectacle
faire	son temps
pratiquer	attention
partir	en voyage
prendre	un chemin

3 ⚪ *Voici l'album photos de Brandon. Complète les légendes. Utilise être en train de + infinitif.* (→ Repères, p. 101/4)

1. Ici, Tim et Félix _____ .
2. William _____ .
3. Voilà tout le _____ .
4. Là, c'est moi. Je _____ .
5. Tim et moi. Nous _____ .
6. Là, c'est Linda qui _____ .

4 ⭘ *Qu'est-ce qu'ils disent? Écris dans ton cahier. Utilise* venir de + *infinitif.* (→ Repères, p. 101/4)

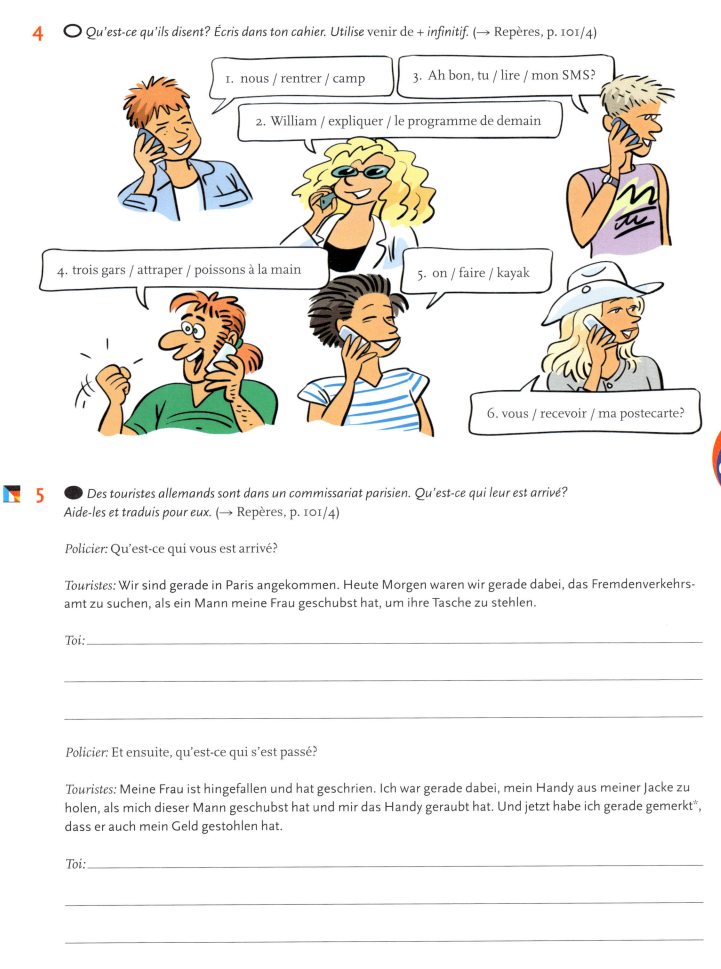

1. nous / rentrer / camp
2. William / expliquer / le programme de demain
3. Ah bon, tu / lire / mon SMS?
4. trois gars / attraper / poissons à la main
5. on / faire / kayak
6. vous / recevoir / ma postecarte?

5 ⬤ *Des touristes allemands sont dans un commissariat parisien. Qu'est-ce qui leur est arrivé? Aide-les et traduis pour eux.* (→ Repères, p. 101/4)

Policier: Qu'est-ce qui vous est arrivé?

Touristes: Wir sind gerade in Paris angekommen. Heute Morgen waren wir gerade dabei, das Fremdenverkehrsamt zu suchen, als ein Mann meine Frau geschubst hat, um ihre Tasche zu stehlen.

Toi: _____

Policier: Et ensuite, qu'est-ce qui s'est passé?

Touristes: Meine Frau ist hingefallen und hat geschrien. Ich war gerade dabei, mein Handy aus meiner Jacke zu holen, als mich dieser Mann geschubst hat und mir das Handy geraubt hat. Und jetzt habe ich gerade gemerkt*, dass er auch mein Geld gestohlen hat.

Toi: _____

* **merken** remarquer

SÉQUENCE 1 — 71

6

Fais le tandem, p. 88.

7 C'est le dernier soir au camp de Pabos Mills. Tim a continué son journal. Imagine ce qu'il a pu écrire. Écris dans ton cahier.

Le Canada en direct: Les ours

DELF **8** **a** *Lis ce texte. Il y a des mots que tu ne connais pas, mais tu peux comprendre le sens général.*

L'ours est un animal sauvage qui préfère éviter l'homme. Mais une rencontre avec cet animal n'est pas impossible. Attention! Il peut devenir dangereux et cela pour les raisons suivantes:
▸ Il protège ses petits ou sa nourriture.
▸ Un chien l'a provoqué.
▸ Il a senti de la nourriture ou d'autres odeurs.
▸ Il s'est habitué à la présence de l'homme et il n'en a plus peur.

Que faire quand vous rencontrez un ours? Il est difficile de prévoir le comportement de cet animal, car les ours sont tous différents et ils réagissent de façon différente dans des situations différentes. La plupart des rencontres entre l'ours et l'homme finissent bien, mais voici quand même quelques conseils de sécurité. Le mieux est d'éviter tout contact.

1 Pour éviter de rencontrer un ours:
▸ Faites du bruit. Parlez fort, frappez dans vos mains, chantez.
▸ Tenez votre chien en laisse ou encore mieux: laissez-le à la maison.
▸ Déplacez-vous en groupe et restez ensemble.

2 Si vous rencontrez un ours:
▸ Restez calme. Ne criez pas, essayez de ne pas trop bouger, même si cela est difficile. Un cri, un mouvement brusque pourraient rendre l'animal agressif.
▸ Parlez à l'ours, il comprendra que vous êtes un être humain.
▸ Partez à reculons, mais surtout ne courez pas. L'ours court aussi vite qu'un cheval.
▸ Restez en groupe.
▸ Ne posez pas votre sac à dos par terre, car il pourrait vous protéger.

d'après les conseils de sécurité de Parcs Canada

b *Coche la réponse correcte.*

1.
☐ L'ours n'est jamais dangereux pour l'homme.
☐ L'ours est quelquefois dangereux.

2.
☐ Les ours réagissent tous pareil.
☐ Les ours ne réagissent pas toujours pareil.

3. Pour ne pas rencontrer d'ours
☐ il ne faut pas faire de bruit.
☐ il faut faire du bruit.

4. C'est mieux de partir
☐ avec un chien.
☐ sans chien.

5. Si on rencontre un ours
☐ il faut lui parler.
☐ il faut partir vite sans dire un mot.

SÉQUENCE 2

DELF 1 Réponds aux questions. Écris dans ton cahier. (→ Texte, p. 98)

1. Pourquoi est-ce que le choc a été grand pour Tim quand il est revenu à Montréal?
2. Qu'est-ce qu'il a vu de Montréal avant de rentrer en France?
3. Qu'est-ce que les Tremblay lui expliquent sur le Québec?

2 a *Complète.* (→ Liste des mots, p. 175)

Les vacances, c'est fait pour ⬜1.
une grande ville: une ⬜2
En 1763, les Français perdent la ⬜3 contre les Anglais.
Montréal est une ville de quatre millions d'⬜4.
un synonyme de finir: ⬜5
un continent: l'⬜6
de très hauts immeubles: des ⬜7
un arbre canadien: un ⬜8
le contraire de «de près»: ⬜9
Quel est le nom de la colline qui ⬜10 Montréal?
qui est sous terre: ⬜11

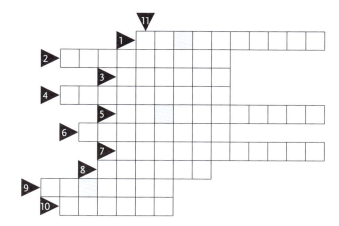

b Fais d'autres mots-croisés pour tes camarades avec d'autres mots de l'unité 6. Dessine une grille vide et n'oublie pas d'écrire les solutions!

3 ○ Lis cette carte postale. Note les temps du passé et explique en allemand l'emploi de ces temps. (→ Repères, p. 101/3)

Chère Magali,
Ça y est: On est à Québec depuis une semaine! Quand on est arrivés, il faisait très froid (moins trente!) et il avait beaucoup neigé*. Tout était blanc. Dans l'avion, il y avait deux Québécois de Laval super gentils qui avaient passé six mois en France. Ils nous ont donné leur adresse. On a déjà visité plein de choses: le Vieux-Port, la cathédrale, la citadelle...
C'est fantastique!
À bientôt
                              Valérie

* **neiger** schneien

imparfait	passé composé	plus-que-parfait
_____	_____	_____
_____	_____	_____
_____	_____	_____

4 ● *Tim a écrit à Marion. Complète le texte par des formes au passé composé, à l'imparfait ou au plus-que-parfait.*
(→ Repères, p. 101/3)

Chère Marion,

On _____ (arriver) il y a plus de deux semaines, mais j'ai l'impression que c'_____ (être) hier. Quand on _____ (arriver) au camp, on _____ (être) crevés. Le voyage de Paris à Montréal _____ (être) long et on _____ (devoir) repartir tout de suite pour Pabos Mills.

J'_____ (avoir) une idée géniale de venir ici! Les premiers jours, j'_____ (avoir) un peu peur parce que je _____ (connaître) seulement Brandon, mais tous les jeunes et les moniteurs sont très sympa. Je te raconterai. Au début, ce n'_____ (être) pas évident de comprendre les gens pour moi. Mais maintenant, je _____ (s'habituer*) à leur accent.

s'habituer à qc sich an etw. gewöhnen

DELF **5** Fais l'exercice auditif, p. 91.

Lecture: La belle Province

DELF **6** **a** *Lis cet extrait de La belle Province et réponds aux questions dans ton cahier. Utilise tes propres mots.*

1. De quoi parle la bédé?
2. Qu'est-ce qui s'est passé en 1534?
3. Qui a fondé le Québec et quand?
4. Comment étaient les relations entre Champlain et les Iroquois?
5. Qu'est-ce qui s'est passé un 13 septembre près de Québec?

b *Comment est-ce que tu trouves cette bédé? Donne ton avis dans ton cahier.*

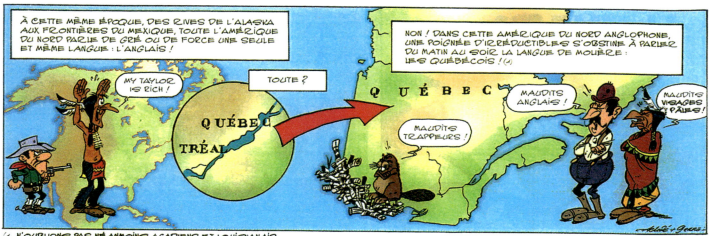

SÉQUENCE 2 — 75

c *Trouve dans le texte d'autres formes au passé simple. Trouve l'infinitif de ces verbes et réécris les phrases au passé composé.*

Exemple: François Ier **chargea** Jacques Cartier de prendre possession du Canada.

passé simple	infinitif	passé composé
(il) chargea	charger	il a chargé

IIIIIIIII■ Méthodes et stratégies (→ S. 104/9)

7 *Lis ce texte, puis traduis les mots surlignés en français.*

Das Wort *Inuit* (Singular *Inuk*) bezeichnet Menschen diverser Volksgruppen, die in der Arktis um den Nordpol herum leben. Der Begriff *Eskimo* ist manchmal weiter gefasst und er bezeichnet eine Reihe von Volksgruppen im arktischen Kulturkreis, die traditionell als Jäger und Sammler lebten und deren Hauptanteil von den Inuit gestellt wird. Die Bezeichnung *Eskimo* wird aber von den Inuit als abwertend angesehen. Sie wurde nicht, wie oft angenommen, von den weißen Siedlern geprägt, sondern von nordamerikanischen Indianern. Auf Inuktitut (ihre eigene Sprache) bedeutet *Inuit* soviel wie Menschen. Dagegen bedeutet *Eskimo* in der Sprache der Cree-Indianer, die häufig Auseinandersetzungen mit den Inuit hatten, entweder *Rohfleischesser* oder *Schneeschuhmacher*.

76 _____ SÉQUENCE 2

Bilan autocorrectif

1 Vocabulaire

Décris le dessin.

_____
_____
_____
_____
_____
_____
_____

2 Qu'est-ce qu'on dit?

Traduis ces phrases.

1. Das Wort „Licht" kommt mir sofort in den Sinn.

_____

2. Wir sind mit aller Kraft gerannt, um pünktlich anzukommen.

_____

3. Hast du es geschafft, ihm das Problem zu erklären?

_____

4. Es sind minus fünfzehn Grad: Ich sterbe vor Kälte!

_____

3   Das „plus-que-parfait"

Complète les phrases par des formes au passé composé, à l'imparfait ou au plus-que-parfait.

1. Lundi matin, nous _____ (ne pas entendre) le réveil. Nous

   _____ (être) fatigués parce que nous _____

   (regarder) la télé très tard la veille.

2. Quand les enfants _____ (sortir) de l'école, il _____

   (pleuvoir) et bien sûr, ils _____ (ne pas prendre) leurs imperméables.

4   «être en train de» + infinitif / «venir de» + infinitif

Décris les dessins. Utilise être en train de + infinitif ou venir de + infinitif.

1. il – regarder un
   film à la télé

a _____

b _____

2. il – faire
   les courses

a _____

b _____

3. elle – téléphoner
   à ses parents

a _____

b _____

4. elles – boire
   quelque chose

a _____

b _____

Die Lösungen findest du auf Seite 96.

78 _____ **Bilan autocorrectif**

LE JEU DES VOYAGES

Règles du jeu Ihr könnt dieses Spiel zu dritt, zu viert oder zu fünft spielen.
Spielregeln In jeder Gruppe übernimmt ein/e Spieler/in die Rolle des Spielleiters.

Zum Spielen braucht ihr:
einen Würfel
einen Stein (oder einen Knopf) pro Spieler/in

Die Spieler haben das Spielbrett vor sich (→ S. 80), der Spielleiter hat die Fragen mit den Lösungen vor sich (→ S. 79).

Jede/r Spieler/in würfelt der Reihe nach. Der Spielleiter liest die entsprechende Frage vor und überprüft die Antwort mit Hilfe der Lösungen. Ist eine Antwort nicht richtig, so kehrt der Spieler / die Spielerin zu dem Feld zurück, von dem er/sie gewürfelt hat. Wer als Erste/r am Reiseziel angekommen ist, hat gewonnen.

Questions *Réponses*

La Gaspésie: Grammaire

1. Bilde das Adverb von „dangereux" und „gentil". — dangereusement, gentiment
2. Wie lauten die 1. Personen Singular und Plural des Verbs „avoir" im „imparfait"? — j'avais / nous avions
3. Setze folgenden Satz in die Vergangenheit: „Il est cinq heures quand ils rentrent." — Il était cinq heures quand ils sont rentrés.
4. Beantworte die Frage. Verwende das Pronomen „en". „Tu veux du gâteau?" — Oui, j'en veux (bien). / Non, merci, je n'en veux pas.
5. Drücke folgenden Satz anders aus: „Tu dois venir." — Il faut que tu viennes.
6. Nenne das „futur simple" von „je vais", „nous parlons" und „il fait". — j'irai / nous parlerons / il fera
7. Übersetze: „Was interessiert dich?" und „Was sagst du?" — Qu'est-ce qui t'intéresse? / Qu'est-ce que tu dis?
8. Nenne drei Verben vom Typus „choisir". — réfléchir / réussir / finir

Paris: Parlons français

1. Sage, aus welchem Ort du kommst. — Je suis de (Berlin).
2. Sage, wie gut du Englisch kannst. — Je parle (assez) bien / un peu anglais.
3. Du machst dir Sorgen. — Je me fais du souci.
4. Du hast Lust nach Paris zu fahren. — J'ai envie d'aller à Paris.
5. Du sagst, es gibt Schlimmeres. — Il y a pire.
6. Du findest etwas langweilig. — C'est ennuyeux.
7. Du bist gerade angekommen. — Je viens d'arriver.
8. Etwas riecht gut. — Ça sent bon.

La France: La France et les Français

1. Quel est le titre d'une série de livres pour jeunes? — «Le Club des cinq»
2. Quel est le nom du plus grand cimetière de Paris? — le Père-Lachaise
3. La tour Eiffel est «née» en 1899. Vrai ou faux? — Faux. Elle est née en 1889.
4. Quel est le fleuve qui traverse Paris? — la Seine
5. Qu'est-ce qu'il y a souvent au petit-déjeuner en France? — Il y a du café (au lait) et des tartines de beurre avec de la confiture ou du miel.
6. Qui est Gérard Jugnot? — C'est un acteur de cinéma.
7. Le collège dure de la 6ᵉ à la 3ᵉ. Vrai ou faux? — Vrai.
8. À la fin de la 4ᵉ, on passe le brevet. Vrai ou faux? — Faux. On le passe à la fin de la 3ᵉ.

LE JEU DES VOYAGES   79

Parlons français:
Tu réponds à une question: Qu'est-ce qu'on dit en français?

 Grammaire:
Tu réponds à une question de grammaire.

 La France et les Français:
Tu réponds à une question sur la France ou les Français.

 Tu viens de rater ton train:
Tu passes un tour.
Du setzt einmal aus.

 Tu survoles l'océan:
Tu avances de deux cases. Du rückst zwei Felder vor.

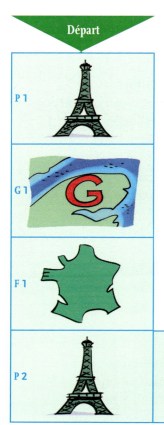

LE JEU DES VOYAGES

ANNEXE

Kopiervorlage

INFINITIF		Terminaison	Régulier ☐ Irrégulier ☐	Particularité
		PRÉSENT		IMPÉRATIF
	Je/J'			
	Tu			
	Il/Elle/On			
	Nous			
	Vous			
	Ils/Elles			
se conjugue comme:			PASSÉ COMPOSÉ	
IMPARFAIT			FUTUR COMPOSÉ	

(untere Hälfte auf dem Kopf:)

exemple:

SUBJONCTIF	que je		que nous
	Ils/Elles		Ils/Elles
	Vous		Vous
	Nous		Nous
	Il/Elle/On		Il/Elle/On
	Tu		Tu
	Je		Je
	FUTUR SIMPLE		**CONDITIONNEL**

Knicke die Kopiervorlage an der Mittellinie und klebe die Rückseiten zusammen.

© Cornelsen Verlag **Kopiervorlage** — 81

Tandem Unité 1/1

🎧 In diesem Tandem übt ihr ein Gespräch zwischen Marie, einem französischen Mädchen (Voisin A), und einem Ausländer / einer Ausländerin (Voisin B).

1 Legt fest, wer Voisin A und wer Voisin B ist.

2 Faltet den Bogen entlang der Mittellinie. Voisin A hat die linke, Voisin B die rechte Spalte vor sich.

3 Voisin A liest die Sätze A vor. Voisin B, der nur die rechte Spalte sieht, beanwortet die Fragen von A und folgt den Regieanweisungen. Voisin A, der die Lösung vor sich hat, hilft, wenn es nötig ist.

4 Nach einem Durchgang wechselt ihr die Rollen.

5 Am Ende könnt ihr das Gespräch selbstständig erweitern: Schreibt noch eine Frage und eine Antwort in die Zeilen hinein.

Voisin A beginnt.	Voisin A beginnt.
Voisin A	**Voisin B**

A: Comment est-ce que tu t'appelles?	A: 👄
B: Je m'appelle _____ .	B: Du antwortest.
Et toi, comment est-ce que tu t'appelles?	Du willst das Gleiche erfahren.
A: Je suis Marie. D'où est-ce que tu viens?	A: 👄
B: Je viens d'Allemagne/d'Autriche /_____.	B: Du antwortest.
Et toi, où est-ce que tu habites?	Du willst wissen, wo A wohnt.
A: Moi, j'habite dans la banlieue parisienne,	A: 👄
mais je suis bretonne.	
A: Tu as quel âge?	A: 👄
B: J'ai treize/quatorze ans.	B: Du antwortest.
Et toi, tu as quel âge?	Du stellst die Gegenfrage.
A: Je vais avoir treize ans.	A: 👄
A: Depuis quand est-ce que tu apprends le français?	A: 👄
B: Je l'apprends depuis trois/quatre ans.	B: Du antwortest.
Et toi, est-ce que tu apprends l'allemand?	Du willst wissen, ob A Deutsch lernt.
A: Non, j'apprends l'anglais et l'espagnol.	A: 👄
L'allemand, c'est trop difficile.	
A: Est-ce que tu es déjà venu(e) à Paris?	A: 👄
B: Oui, je suis déjà venu(e) _____ fois. / Non, je ne	B: Du antwortest.
suis jamais venu(e) / c'est la première fois.	
_____	_____
_____	_____
_____	_____

82 _____ **Tandem Unité 1/1**

▃▃▃▃ Dialomix Unité 2 / Chapitres I à III ▀▀▀▀▀▀▀▀▀▀▀▀▀▀▀▀▀▀▀▀▀

🎧 Mit Dialomix könnt ihr einen vorgegebenen Dialog einüben und ihn nach und nach so verändern, dass euer eigener Dialog entsteht. In diesem Dialomix übt ihr, wie man von seinem Wochenende erzählen kann. Achtet dabei auf die Verwendung von „passé composé" und „imparfait".

1 Legt fest, wer Voisin A und wer Voisin B ist. Übt den vorgegebenen Dialog mit verteilten Rollen ein.

2 Verändert dann den Musterdialog mit Hilfe der Alternativvorschläge, schreibt die neuen Dialoge in euer Heft und übt sie ein.

3 Ersetzt nun die markierten Stellen durch eigene, schreibt nach demselben Muster euren eigenen Dialog. Lasst ihn von eurem Lehrer / eurer Lehrerin korrigieren und übt ihn ein.

4 Tauscht nach jedem Durchgang die Rollen.

5 Am Ende könnt ihr das Gespräch selbstständig erweitern. Schreibt eure eigenen Ideen in die Zeilen hinein.

1. **A:** Qu'est-ce que tu as fait pendant le week-end?

     B: J'ai vu | un spectacle de danse à l'opéra.

     un match de foot au stade.

     un film avec Ludivine Sagnier au ciné.

     _____

2. **A:** C'était comment?

     B: C'était super.

     Cela ne m'a pas plu.

     J'ai trouvé ça très intéressant.

     _____

3. **A:** Il y avait beaucoup de monde?

     B: Non, il y avait encore des places.

     Oui, c'était plein, c'était l'horreur.

     Ça pouvait aller.

     _____

4. **A:** Avec qui est-ce que tu étais?

     B: Ma mère est venue avec moi.

     Avec toute la famille. Tout le monde a voulu venir.

     Avec mes parents.

5. **A:** Et après _____

     _____

     B: _____

     _____

6. **A:** _____

     _____

     B: _____

     _____

Dialomix Unité 2 / Chapitres I à III _____ **83**

Dialomix Unité 3 / Approches

🎧 Mit diesem Dialomix lernt ihr, wie man ein Essen in einem französischen Lokal bestellt. Voisin B geht mit seiner Mutter in ein französisches Restaurant. Voisin A spielt die Rolle des Kellners / der Kellnerin.

1 Legt fest, wer Voisin A und wer Voisin B ist. Übt den vorgegebenen Dialog mit verteilten Rollen ein.

2 Verändert dann den Musterdialog mit Hilfe der Alternativvorschläge, schreibt die neuen Dialoge in euer Heft und übt sie ein.

3 Ersetzt nun die markierten Stellen durch eigene, schreibt nach demselben Muster euren eigenen Dialog. Lasst ihn von eurem Lehrer / eurer Lehrerin korrigieren und übt ihn ein.

4 Tauscht nach jedem Durchgang die Rollen.

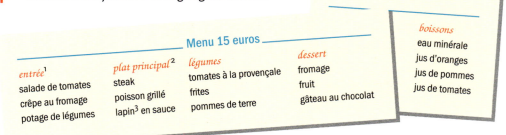

Menu 15 euros

entrée[1]
salade de tomates
crêpe au fromage
potage de légumes

plat principal[2]
steak
poisson grillé
lapin[3] en sauce

légumes
tomates à la provençale
frites
pommes de terre

dessert
fromage
fruit
gâteau au chocolat

boissons
eau minérale
jus d'oranges
jus de pommes
jus de tomates

[1] une entrée eine Vorspeise
[2] le plat principal das Hauptgericht
[3] le lapin das Kaninchen

1. **A:** Bonsoir, Messieurs-dames.

   B: Bonsoir, Monsieur/Madame.

2. **A:** Vous êtes combien de personnes?

   B: Nous sommes deux.

3. **A:** Vous pouvez prendre cette table, | près de la porte.

   | près de la fenêtre

4. **B:** Merci. On peut avoir le menu[1], s'il vous plaît?

   A: Bien sûr. Voilà.

   ...

5. **A:** Vous avez choisi?

   B: Oui. Alors, deux menus[2], s'il vous plaît.

6. **A:** Qu'est-ce que vous prenez comme entrée?

   B: Alors, | une crêpe au fromage et un potage.

   | deux salades de tomates

7. **A:** Qu'est-ce que vous voulez comme plat principal?

   B: Pour ma mère, un steak – bien cuit – et pour moi, | un lapin en sauce.

   | un poisson et un lapin

   _____

8. **A:** Et comme légumes?

   B: On va prendre | des frites avec le steak et des pommes de terre avec le lapin.

   | des frites

   _____

9. **A:** Pour les desserts, on peut voir après. Qu'est-ce que vous voulez boire?

   B: De l'eau, s'il vous plaît.

   Un jus de tomates et un jus d'oranges

   _____

[1] le menu die Speisekarte [2] le menu das Menü

Tandem Unité 3/1

🎧 Voisin B ist mit einer Freundin, die kein Französisch spricht, in einer „Crêperie".
Voisin A spielt die Rolle der Bedienung.

1 Legt fest, wer Voisin A und wer Voisin B ist.

2 Faltet den Bogen entlang der Mittellinie. Voisin A hat die linke, Voisin B die rechte Spalte vor sich.

3 Voisin A liest den Satz A vor. Voisin B, der nur die rechte Spalte sieht, beanwortet die Fragen von A und folgt den Regieanweisungen. Voisin A, der die Lösung vor sich hat, hilft, wenn es nötig ist.

Les Classiques

La Super .... 5.18 €
(Jambon + œuf + emmental + champignons)
La Florentine .... 5.18 €
(Jambon + œuf + emmental + tomate)
La Provençale .... 5.18 €
(Jambon + œuf + emmental + ratatouille)
La Complète .... 4.42 €
(Jambon* + œuf + emmental)
La 4 Saisons .... 5.18 €
(Jambon + œuf + emmental + salade)

La Crémière .... 4.42 €
(Chèvre chaud + salade)
La Paysanne .... 4.42 €
(Saucisse + œuf + emmental + tomate)

en choisissant vos ingrédients:

Œuf   Tomate
Emmental   Champignons
Jambon   Oignons
Bacon   Anchois
Saucisse   Thon

4 Nach einem Durchgang wechselt ihr die Rollen.

* **le jambon** der Schinken

Voisin A beginnt.

Voisin A

A: Bonjour, Mesdemoiselles./Messieurs-dames.
B: Bonjour, Monsieur/Madame.

A: Vous avez choisi?
B: Non, pas encore. Un moment, s'il vous plaît. Mon amie ne parle pas français.
...
B: Monsieur/Madame, s'il vous plaît!

A: Qu'est-ce que vous prenez?
B: Pour mon amie, une crêpe «complète».

A: Alors, une crêpe «complète» pour mademoiselle, et pour vous?
B: Je voudrais une crêpe «super», mais sans œuf, s'il vous plaît. C'est possible?

A: Oui, bien sûr. Pas de problème. Et comme boissons?
B: Une eau minérale pour ma copine, s'il vous plaît, et pour moi, un jus d'oranges.

Voisin A beginnt.

Voisin B

A: 👄
B: Du reagierst.

A: 👄
B: Ihr braucht etwas mehr Zeit. Du erklärst, dass deine Freundin kein Französisch spricht.
...
B: Jetzt seid ihr so weit: Du rufst die Bedienung.

A: 👄
B: Für deine Freundin bestellst du eine crêpe „complète".

A: 👄
B: Du möchtest eine crêpe „super", aber ohne Ei. Ob das möglich ist?

A: 👄
B: Du bestellst 🍶 für deine Freundin und für dich.

Tandem Unité 4/2

🎧 In diesem Tandem führt ihr ein Gespräch in einer französischen Buchhandlung. Voisin A ist Verkäufer/in, Voisin B Kunde/Kundin.

1 Legt fest, wer Voisin A und wer Voisin B ist.

2 Faltet den Bogen entlang der Mittellinie. Voisin A hat die linke, Voisin B die rechte Spalte vor sich.

3 Voisin A und Voisin B folgen jeweils den Regieanweisungen. Der andere Voisin, der die Lösung vor sich hat, hilft, wenn es nötig ist.

4 Nach einem Durchgang wechselt ihr die Rollen.

Voisin A beginnt.

Voisin A

A: Du fragst, ob du helfen kannst.
B: Je cherche un cadeau pour mon correspondant / ma correspondante.

A: Du fragst nach dem Alter.
B: (Il/Elle a) 13 ans.

A: Du fragst, was er/sie gerne liest.
B: Il/Elle lit beaucoup de romans.

A: Du fragst, was er/sie am liebsten liest. Liebes-, Abenteuerromane oder lieber Science-Fiction?
B: Je ne sais pas ce qu'il/elle préfère.

A: Du sagst, dass viele Jugendliche in dem Alter „Je ne t'aime pas, Paulus" mögen. Der Roman ist sensibel und gut geschrieben.
B: Ça coûte/fait combien?

A: Du sagst, dass der Roman 6,50 Euro kostet.
B: D'accord, je le prends / Je prends ce livre / ce roman.

Voisin A beginnt.

Voisin B

A: Qu'est-ce que je peux faire pour vous?
B: Du suchst ein Geschenk für deinen Brieffreund / deine Brieffreundin.

A: Il/Elle a quel âge?
B: 13.

A: Qu'est-ce qu'il/elle aime lire?
B: Du antwortest, dass er/sie viele Romane liest.

A: Qu'est-ce qu'il/elle préfère? Les romans d'amour ou d'aventure ou plutôt les romans de science-fiction?
B: Du weißt nicht, was er/sie am liebsten mag.

A: Beaucoup de jeunes de cet âge aiment «Je ne t'aime pas, Paulus.» Le roman est sensible et bien écrit.
B: Du fragst nach dem Preis.

A: (Ça fait/coûte) 6 euros 50.
B: Du bist einverstanden. Du nimmst dieses Buch.

Tandem Unité 5/2

🎧 Vor kurzem ist Voisin B bei seinem/seiner Brieffreund/in (Voisin A) in Paris angekommen. Sie wollen gemeinsam durch Paris spazieren gehen.

1 Legt fest, wer Voisin A und wer Voisin B ist.

2 Faltet den Bogen entlang der Mittellinie. Voisin A hat die linke, Voisin B die rechte Spalte vor sich.

3 Voisin A und Voisin B folgen den Regieanweisungen. Der andere Voisin, der die Lösung vor sich hat, hilft, wenn es nötig ist.

4 Nach einem Durchgang wechselt ihr die Rollen.

Voisin A beginnt.

Voisin A

A: Du fragst, was dein/e Brieffreund/in heute machen möchte.
B: Je ne sais pas ... Ce que tu veux.

A: Du sagst, dass, wenn er/sie einverstanden ist, ihr zunächst auf den Eiffelturm hinaufgehen werdet.
B: D'accord. Est-ce qu'on ira aussi à la patinoire de la tour Eiffel?

A: Du antwortest, dass sie im Sommer nicht geöffnet ist.
B: Ce n'est pas grave, je n'aime pas trop le patin à glace.

A: Du schlägst vor, danach einen schönen Spaziergang auf den Champs-Élysées zu machen und dass ihr, wenn er/sie möchte, auch zum Jardin des Tuileries gehen werdet.
B: Oui, je veux bien.

A: Du sagst, dass ihr nach dem Essen nach Belleville, einem ganz tollen Viertel, gehen werdet, wenn er/sie nicht müde ist.
B: Super! Mon prof de français nous a montré un film sur Belleville. C'était très intéressant.

A: Du erzählst, dass ihr heute Abend zu Hause bleiben werdet. Deine Eltern haben für ihn/sie eine Überraschung vorbereitet. Jedoch möchtest du nichts verraten (sagen).
B: Ben non, ce ne sera plus une surprise, si tu me dis ce que c'est.

Voisin A beginnt.

Voisin B

A: Qu'est-ce que tu veux faire, aujourd'hui?
B: Du weißt nicht ... Du machst, was er/sie möchte.

A: Si tu es d'accord, on montera d'abord sur la tour Eiffel.
B: Du bist einverstanden und fragst, ob ihr auch auf die Schlittschuhbahn des Eiffelturms gehen werdet.

A: Non, elle n'est pas ouverte en été.
B: Du antwortest, dass das nicht schlimm ist und dass du nicht so gerne Schlittschuh fährst.

A: Après on fera une belle balade sur les Champs-Élysées et, si ça te fait plaisir, on ira aussi au jardin des Tuileries.
B: Du bist einverstanden.

A: Après le repas, si tu n'es pas fatigué/e, on peut aller à Belleville, c'est un quartier super sympa.
B: Du findest das super. Du erzählst, dass dein Französischlehrer euch einen Film über Belleville gezeigt hat. Er war sehr interessant.

A: Ce soir, on restera à la maison. Mes parents t'ont préparé une surprise. Mais je ne te dirai rien.
B: Du sagst, dass es keine Überraschung mehr ist, wenn er/sie dir verrät (sagt), was das ist.

Tandem Unité 6/1

🎧 A ist ein/e kanadische/r Jugendlicher/Jugendliche, B ist ein/e Tourist/in.

1 Legt fest, wer Voisin A und wer Voisin B ist.

2 Faltet den Bogen entlang der Mittellinie. Voisin A hat die linke, Voisin B die rechte Spalte vor sich.

3 Voisin A liest die Sätze A vor. Voisin B, der nur die rechte Spalte sieht, beanwortet die Fragen von A und folgt den Regieanweisungen. Voisin A, der die Lösung vor sich hat, hilft, wenn es nötig ist.

4 Nach einem Durchgang wechselt ihr die Rollen.

5 Am Ende könnt ihr das Gespräch selbstständig erweitern: Schreibt noch eine Frage und eine Antwort in die Zeilen hinein.

Voisin A beginnt.

Voisin A beginnt.

Voisin A	**Voisin B**

A: Est-ce que tu connais le Canada?
B: Non, je ne connais pas encore ce pays et je ne suis jamais venu/e (je n'ai jamais été) en Amérique du Nord.

A: 👄
B: Du antwortest, dass du dieses Land noch nicht kennst und dass du nie in Nordamerika (en Amérique du Nord) warst.

A: Combien de temps est-ce que tu vas rester ici?
B: Je vais rester deux semaines.

A: 👄
B: Du antwortest, dass du zwei Wochen bleiben wirst.

A: Est-ce que tu connais des gens à Montréal?
B: Non, je ne connais personne, mais je voyage avec ma famille.

A: 👄
B: Du sagst, dass du niemanden kennst, dass du jedoch mit deiner Familie reist.

A: Qu'est-ce que vous allez visiter?
B: On va passer trois jours à Montréal et après, on va aller à Sept-Îles au bord du Saint-Laurent.

A: 👄
B: Du antwortest, dass ihr drei Tage in Montréal verbringen wollt und dass ihr dann nach Sept-Îles am Sankt-Lorenz-Strom fahren wollt.

A: Pourquoi est-ce que vous avez choisi de venir au Québec?
B: Mes parents voulaient venir depuis longtemps au Québec à cause de la nature et des paysages magnifiques. Moi, je m'intéresse aux baleines.

A: 👄
B: Du erklärst, dass deine Eltern schon lange nach Québec wegen der Natur und der wunderschönen Landschaften kommen wollten. Du sagst, dass du dich für Wale interessierst.

_____

_____

_____

_____

_____

_____

88 _____ Tandem Unité 6/1

Exercices auditifs

Unité 1/1

DELF 8 🎧 *Écoute le texte et coche la bonne réponse.*

1. Quatre jeunes ont rendez-vous à Paris-Plage.
   ☐ C'est vrai.
   ☐ C'est faux.
   ☐ Je ne sais pas.

2. Ils ont déjà préparé leur programme.
   ☐ C'est vrai.
   ☐ C'est faux.
   ☐ Je ne sais pas.

3. Il fait chaud.
   ☐ C'est vrai.
   ☐ C'est faux.
   ☐ Je ne sais pas.

4. Sophie propose deux endroits.
   ☐ C'est vrai.
   ☐ C'est faux.
   ☐ Je ne sais pas.

5. Les deux garçons proposent de faire du sport.
   ☐ C'est vrai.
   ☐ C'est faux.
   ☐ Je ne sais pas.

6. Les filles ne veulent rien faire.
   ☐ C'est vrai.
   ☐ C'est faux.
   ☐ Je ne sais pas.

7. Bastien propose d'aller manger quelque chose.
   ☐ C'est vrai.
   ☐ C'est faux.
   ☐ Je ne sais pas.

8. À la fin, tout le monde est d'accord pour la plage.
   ☐ C'est vrai.
   ☐ C'est faux.
   ☐ Je ne sais pas.

Unité 1/2

DELF 6 🎧 *Écoute le texte et retrouve le trajet de Pauline (dessine-le en rouge) et le trajet de Guillaume (dessine-le en bleu).*

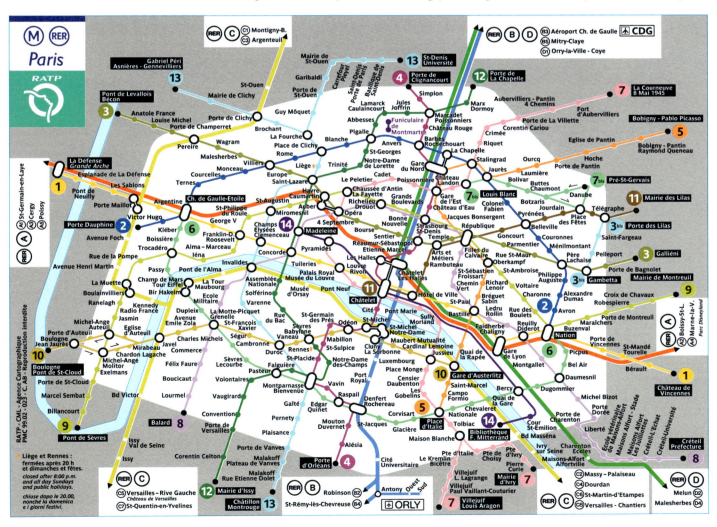

Unité 2 / Chapitres I à III

DELF **11**   **a** 🎧 *Des gens racontent qu'ils ont vu une personne bizarre. Comment était-elle? Écoute le texte et trouve la personne qui correspond le mieux à la description.*

b *À toi. Décris cette personne. Utilise l'imparfait.*

_____

_____

_____

_____

_____

_____

_____

_____

_____

_____

Unité 3/2

DELF **7**   🎧 *Écoute le dialogue et coche les bonnes réponses.*

1. ☐ Alice téléphone à sa grand-mère Joëlle.
   ☐ Alice téléphone à sa grand-tante.
   ☐ Alice téléphone à sa grand-mère Catherine.

2. ☐ Alice lui dit merci pour les rollers.
   ☐ Alice lui dit merci pour sa lettre.
   ☐ Alice lui dit merci pour l'argent.

3. ☐ Alice a passé les vacances de Noël chez sa grand-mère, dans les Landes.
   ☐ Alice a passé les vacances de Noël chez ses grands-parents, dans les Landes.
   ☐ Alice a passé les vacances de Noël chez elle avec ses grands-parents des Landes.

4. ☐ Elle lui dit qu'elle a passé un mauvais réveillon.
   ☐ Elle lui dit qu'il y avait plein de monde au réveillon.
   ☐ Elle lui dit qu'il y avait une bonne ambiance au réveillon.

5. ☐ Alice a fait des efforts pour comprendre sa grand-mère.
   ☐ Alice pense que sa grand-mère les a reçus comme des rois.
   ☐ Alice trouve que sa grand-mère se complique la vie.

6. ☐ Alice n'a pas bougé et elle a trop mangé.
   ☐ Alice n'a pas bougé et elle n'avait pas faim.
   ☐ Alice a bougé et elle a beaucoup mangé.

Unité 4/1

7 🎧 *Écoute cette chanson des «Choristes» une première fois. Écoute-la une deuxième fois et complète le texte. Puis compare avec tes camarades. Vous pouvez aussi chanter la chanson.*

Vois sur _____

Vois sur _____

Gamins[1] oubliés, égarés[2]

_____ la main

Pour les mener[3]

Vers d'autres _____ .

Sens au cœur de _____

L'onde d'espoir[4]

Ardeur[5] de _____

Sentier[6] de gloire[7]

Bonheurs enfantins

_____ oubliés, effacés.

Une lumière[8] dorée[9] brille[10] _____

Tout au bout du _____

Sens au cœur de _____

L'onde d'espoir

Ardeur de _____

Sentier de gloire

1 **les gamins** *fam.* les enfants 2 **égaré/e** *hier* verirrt 3 **mener qn** jdn führen 4 **une onde d'espoir** eine Hoffnungswelle 5 **l'ardeur** *f. hier* die Stärke 6 **le sentier** un petit chemin 7 **la gloire** der Glanz 8 **la lumière** das Licht 9 **doré/e** Gold- 10 **briller** leuchten

Unité 5/1

DELF **3** 🎧 *On a demandé à des jeunes ce qu'ils voudraient changer dans leur école. Écoute ce qu'ils disent et coche les phrases qui sont justes.*

1. ☐ Le premier garçon déteste l'école qui lui fait peur.
2. ☐ Il propose de faire des devoirs sur table sans notes.
3. ☐ La fille qui parle après lui propose de faire plus de voyages scolaires.
4. ☐ Elle pense qu'on apprend à mieux se connaître pendant ces voyages.
5. ☐ Une autre fille trouve les profs trop agressifs.
6. ☐ Pour elle, le respect des autres, c'est important.
7. ☐ Le garçon qui parle à la fin trouve que les ordinateurs qui marchent, c'est l'avenir.
8. ☐ Il voudrait que l'école prépare mieux à la vie professionnelle.

Unité 6/2

DELF **5** 🎧 *Avant leur départ, Tim et Brandon sont invités chez des cousins de Brandon. Écoute la conversation et coche les bonnes réponses.*

	vrai	faux
1. Tim aime beaucoup l'hiver et le froid.	☐	☐
2. La fête de l'hiver montréalais s'appelle la fête des neiges.	☐	☐
3. Elle a lieu chaque année dans toute la ville.	☐	☐
4. C'est une fête pour les enfants.	☐	☐
5. On peut y faire du patin à glace.	☐	☐
6. On y pratique seulement du sport.	☐	☐

Exercices auditifs

Lösungen

Unité 1 (Bilan autocorrectif, S. 18)

1
1. Ana vient d'Allemagne et habite à Berlin.
2. Ses parents sont italiens, ils viennent de Naples.
3. Ana parle très bien italien et assez bien français.
4. Elle parle aussi un peu espagnol.

Wenn du Probleme hattest:
→ Lies die Texte der Unité noch einmal durch und suche nach den in den Lösungen angegebenen Redewendungen.
→ Übe mit der Rubrik Qu'est-ce qu'on dit? in den Repères auf S. 22/1, indem du immer eine Spalte abdeckst.
→ Hast du mit der Rechtschreibung Schwierigkeiten, dann schreibe die Redewendungen auf.
→ Wiederhole folgende Übungen:
Livre, S. 11/1, 2, S. 25/6;
Carnet, S. 6/1, 2.

2
a inutilement – heureusement – gentiment – lentement – facilement – vraiment

b
1. inutile
2. lentement
3. facile
4. gentils
5. heureusement

→ Die Bildung und den Gebrauch der Adverbien kannst du auf S. 23/5 nachschlagen.
→ Folgende Übungen kannst du wiederholen:
Livre, S. 13/2, S. 14/4, 5, S. 26/7;
Carnet, S. 8/2, S. 9/3.

3
1. Prenons le métro, ça va plus vite.
2. Ici, on mange mieux que dans le centre.
3. Notre guide parle moins vite allemand qu'une Allemande.
4. Mais elle parle aussi bien allemand qu'une Allemande.

→ In den Repères auf S. 23/6 kannst du nachlesen, wie die Vergleichsformen der Adverbien gebildet werden.
→ Du kannst mit folgenden Übungen trainieren:
Livre, S. 16/2, 3, 4;
Carnet, S. 12/4, 5.

4
1. le moins souvent
2. le moins
3. le mieux
4. le plus vite

→ Lies die Repères auf S. 23/7 noch einmal durch.
→ Folgende Übungen kannst du wiederholen:
Livre, S. 21/7;
Carnet, S. 16/6, S. 17/7.

5
1. Oui, j'aime y aller. / Non, je n'aime pas y aller.
2. Oui, j'y vais souvent. / Non, je n'y vais pas souvent.
3. J'y pars à (sept) heures.
4. J'en reviens à (treize) heures.
5. J'en sors à (dix) heures.

→ Portfolio Dossier

→ Auf der Seite 23/8 in den Repères kannst du nachlesen, wann du „y" bzw. „en" benutzen sollst.
→ Mache folgende Übungen noch einmal:
Livre, S. 20/3, 4, 5;
Carnet, S. 14/3, S. 15/4.

Unité 2 (Bilan autocorrectif, S. 30)

1 1d; 2e; 3f; 4c; 5b; 6a

→ Übe regelmäßig mit der Rubrik Qu'est-ce qu'on dit?
→ Schreibe ggf. die Ausdrücke auf, um sie besser zu behalten und die Rechtschreibung zu üben.
→ Du kannst folgende Übungen wiederholen:
Carnet, S. 21/4, S. 23/4, S. 24/6.

2 la colle – rater – aîné – la marraine – le concours

→ Vergiss nicht die Vokabeln regelmäßig zu üben. Hierfür kannst du die chronologische Liste (S. 150–186) benutzen. Sinnvoll ist es auch schon behandelte Texte noch einmal durchzulesen.
→ Du kannst auch mit einer Vokabelkartei arbeiten. Du weißt auch, dass du Wörter besser behalten kannst, wenn du sie in Sachgruppen ordnest bzw. als Gegensatzpaare oder Synonyme (gleichbedeutende Wörter) zusammen lernst.
→ Wörter in Wortfamilien zusammenzufassen erleichtert dir ebenfalls das Behalten des Wortschatzes.
→ Zahlreiche Wortschatzübungen im Livre und Carnet helfen dir dabei, den gelernten Wortschatz zu üben. Achte auch auf die Rubrik Vocabulaire et expression.
Wortschatz zum Thema der Unité 2 kannst in folgenden Übungen trainieren:
Carnet, S. 21/5, S. 24/6.

3 était – regardait – avaient l'air – dansaient – applaudissions – étions

→ Wie das „imparfait" gebildet wird, kannst du in den Repères auf S. 38/2 nachlesen.
→ Zum Trainieren der Formen kannst du folgende Übungen wiederholen:
Livre, S. 31/3, S. 40/2;
Carnet, S. 20/2, 3.

4 1. faisait – a sonné
2. étaient – jouaient – a crié – est tombé
3. partait – n'est pas venu
4. lisait – est entré

→ In den Repères auf S. 39/5, 6 findest du Erklärungen zum Gebrauch des „imparfait" bzw. des „passé composé" in einem Satz/Text. Lies sie aufmerksam durch. Achte auch auf die Skizzen.
→ Übe mit folgenden Übungen:
Livre, S. 35/5, 6, S. 36/7, 8, S. 37/9, S. 41/5;
Carnet, S. 26/10, S. 27/12, 13, 15.

5 1. Arrête de crier, s'il te plaît.
2. Qu'est-ce que tu as décidé de faire?
3. Je vais demander à ma sœur de nous aider.
4. Je vais essayer de vous aider.

→ Lerne diese Redewendungen am besten auswendig.
→ Mache folgende Übungen noch einmal:
Livre, S. 37/10, 11;
Carnet, S. 25/8, 9.

6 1. chaque
2. chaque
3. Chacun
4. chacune

→ Portfolio
Dossier

→ Lies die Repères auf S. 39/4 noch einmal durch.
→ Trainieren kannst du mit folgenden Übungen:
Livre, S. 41/4;
Carnet, S. 24/7.

Unité 3 (Bilan autocorrectif, S. 46)

1 1. Mon prof était furieux contre moi et je ne sais même pas pourquoi. 2. Ce n'est pas son genre. 3. Mais il y a pire. 4. Juré, promis, craché! Je vais t'écrire plus souvent.

→ Die wichtigsten Redewendungen der Unité kannst du in den Repères auf S. 54/1 nachlesen.
→ Übe auch mit Hilfe folgender Übungen:
Livre, S. 48/6;
Carnet, S. 43/2.

Lösungen ——— **93**

2 1. les pâtes, 2. le fromage, 3. le yaourt, 4. la tartine de confiture, 5. la charcuterie, 6. le potage. 7. la salade

→ Vergiss nicht den Wortschatz regelmäßig zu üben.
→ Folgende Übungen kannst du wiederholen:
Livre, S. 44/1, S. 48/6, S. 58/8;
Carnet, S. 32/1, S. 33/5, S. 34/2, S. 37/9, S. 43/3.

3 1. croit, 2. ai promis, 3. croyez, 4. Promets

→ Die Verbkonjugationen kannst du mit Hilfe der Rubrik Les verbes im Anhang des Schülerbuchs auf S. 138–143 wiederholen.
→ Übe am besten regelmäßig und schriftlich.
→ Folgende Übungen helfen dir die neuen Verben der Unité zu trainieren:
Carnet, S. 36/8.

4 1. Oui, il faut en acheter. 2. Non, il n'y en a plus.
3. On en a encore une! 4. Oui, il nous en faut.

→ Schau dir die Repères auf S. 54/3 noch einmal an.
→ Trainiere mit Hilfe folgender Übungen:
Livre, S. 46/3, 4, 5, S. 56/1;
Carnet, S. 32/2, S. 33/3, S. 45/6.

5　**a**
1. Tu dois avoir de meilleures notes. 2. Tu dois revenir à 18 heures. 3. Tu dois sortir le chien plus souvent.

b
Il faut qu'il écrive à sa grand-mère. Il faut qu'il aille chez le médecin. Il faut qu'il fasse ses devoirs. Il faut qu'il passe au CDI. Il faut qu'il aide Léa à préparer le dîner. Il faut qu'il prenne le pain à la boulangerie.

→ Bildung und Gebrauch des „subjonctif" kannst du in den Repères auf S. 55/5, 6 nachschlagen.
→ Du kannst folgende Übungen wiederholen:
Livre, S. 50/3, 4, S. 51/5, S. 53/4, S. 56/3;
Carnet, S. 40/2, 3, 4, S. 41/5, 6, S. 44/4, 5.

6 1. Elle s'est levée à 7 heures et elle s'est douchée tout de suite après. 2. Il s'est couché tôt, mais il ne s'est pas endormi tout de suite. 4. Alors, les filles, vous vous êtes bien amusées à cette fête?

→ Lies die Repères auf S. 54/4 noch einmal durch.
→ Mache folgende Übungen:
Livre, S. 48/4;
Carnet, S. 35/4, 5, S. 36/6.

→ **Portfolio**
Dossier

■■■■■■■ **Unité 4** (Bilan autocorrectif. S. 57)

1 1. L'histoire se passe à Paris, à Montmartre.
2. Le personnage principal est une jeune femme qui travaille dans un café.
3. Le personnage principal joue très bien et tous les acteurs sont bons.
4. Il n'y a pas beaucoup de suspense dans ce film, mais il est drôle et sensible.
5. L'histoire me plaît parce qu'elle me touche.

→ Übe mit Hilfe der Repères auf S. 72/1.
→ Folgende Übungen kannst du wiederholen:
Livre, S. 64/4, S. 67/8;
Carnet, S. 51/6.

2 zum Beispiel:
1. le programme, la chaîne, l'émission, la série (policière), le téléfilm, le documentaire, le jeu
2. l'acteur/l'actrice, le film (d'action / de science-fiction, d'horreur), (la fin, le début), le rôle, jouer, le suspense
3. l'histoire, le roman, le poème, s'identifier avec un personnage, le personnage principal, l'auteur, (C'est bien/mal) écrit/construit.

→ Vergiss nicht den Wortschatz regelmäßig zu wiederholen.
→ Trainiere mit Hilfe folgender Übungen:
Livre, S. 64/3, S. 67/6, S. 71/7, S. 75/4;
Carnet, S. 48/2, S. 53/2.

3
a sportif; principal; naturel; policier; généreux

b principaux; généreuse; sportives; policière; naturels

→ Merke dir, wie diese Adjektive verändert werden, mit Hilfe von Beispielsätzen, die du am besten auswendig lernst.
→ Folgende Übungen kannst wiederholen:
Carnet, S. 50/4.

4 1. Parle-moi de cette histoire. 2. Ne lui dites pas la vérité. 3. Couche-toi maintenant. 4. Ne l'écoutons pas. 5. Vas-y!, 6. Ne leur donne pas ces livres.

→ Lies die Repères auf S. 73/4 noch einmal durch.
→ Wiederhole folgende Übungen:
Livre, S. 66/3, 4, S. 67/5;
Carnet, S. 49/2, S. 50/3.

5 1. Qu'est-ce qui / ce que, 2. Qu'est-ce que / ce que, 3. Qu'est-ce qui / ce qui, 4. Qu'est-ce qu' / ce qui

→ Schau dir die Repères auf S. 73/5, 6 noch einmal an.
→ Du kannst mit folgenden Übungen trainieren:
Livre, S. 71/6;
Carnet, S. 54/4.

6
1. as suivi
2. a battu
3. construit
4. a décrit

→ Portfolio Dossier

→ Schlage die Konjugationen dieser Verben in der Rubrik Les verbes (S. 138) nach.
→ Wiederhole die Verbkonjugationen regelmäßig, am besten mit Hilfe deiner Verbkartei (→ Carnet, p. 81).
→ Auch folgende Übungen helfen dir zu trainieren:
Carnet, S. 51/5, S. 55/6.

Unité 5 (Bilan autocorrectif, S. 68)

1
1. lycée
2. matière
3. trimestres
4. avenir
5. robots

→ Lies die Texte der Unité noch einmal durch.
→ Übe mit Hilfe der Wortlisten.
→ Folgende Übungen helfen dir beim Wiederholen des Wortschatzes:
Livre, S. 78/1, S. 82/6, S. 84/3, S. 88/4;
Carnet, S. 59/1, 2, S. 60/2, S. 64/1.

2 Marie est en quatrième. La fin de l'année scolaire approche et elle a encore beaucoup de devoirs sur table. Elle a des problèmes en anglais, mais elle est bonne dans presque toutes les matières et elle pense qu'elle passera en troisième.

→ Schau dir die Repères auf S. 86/1 noch einmal an.
→ Trainiere mit Hilfe folgender Übungen:
Livre, S. 86/1c.

Lösungen 95

3 je jouerai; je finirai; je prendrai; j'irai; j'aurai; je serai; je ferai; je pourrai; je saurai; je viendrai; je verrai; je voudrai

→ Wie man die Verben im „futur simple" konjugiert, kannst du in den Repères auf S. 87/3 nachlesen.
→ Wenn du Schwierigkeiten hast, dir die Formen zu merken, übe am besten schriftlich und regelmäßig.
→ Folgende Übungen kannst du wiederholen:
Livre, S. 81/2, 3, S. 82/4, S. 85/4, S. 88/1;
Carnet, S. 61/5, S. 62/6, 7.

4 1. Elle ratera son devoir de maths si elle ne fait rien. 2. S'il a son bac, il entrera à l'université. 3. Si je réussis au brevet, je ferai une fête. 4. Si nous faisons un voyage à Paris, nous irons au parc André Citroën.

→ Lies die Repères auf S. 87/4 noch einmal durch.
→ Merke: Im si-Satz musst du die Präsensform benutzen, im Hauptsatz verwendest du dann das „futur simple".
→ Wiederhole folgende Übungen:
Livre, S. 85/5, 6, S. 88/4, S. 89/5;
Carnet, S. 64/2, 3, S. 65/4.

→ Portfolio
Dossier

Unité 6 (Bilan autocorrectif, S. 77)

1 Sur le dessin, on voit un lac et une forêt d'érables. Il fait beau, le soleil brille, mais il y a quelques nuages. Sur le lac, des jeunes sont dans un canot et attrapent / sont en train d'attraper des poissons à la main. Au bord du lac, d'autres jeunes sont autour d'un feu et font / sont en train de faire des brochettes.

→ Vergiss nicht die Vokabeln regelmäßig zu üben.

2 1. Le mot «lumière» me vient tout de suite à l'esprit.
2. Nous avons couru de toutes nos forces pour arriver à l'heure.
3. Est-ce que tu as réussi à lui expliquer le problème?
4. Il fait moins quinze: Je meurs de froid!

→ Lies die Repères auf S. 101/1 noch einmal durch.
→ Folgende Übungen kannst du wiederholen:
Livre, S. 95/1b;
Carnet, S. 71/5, S. 72/6.

3 1. n'avons pas entendu / étions / avions regardé
2. sont sortis / pleuvait / n'avaient pas pris

→ Schau dir die Repères auf S. 101/3 noch einmal an.
→ Wiederhole die Formen regelmäßig, am besten mit Hilfe deiner Verbkartei.
→ Folgende Übungen helfen dir zu trainieren:
Livre, S. 100/4, S. 102/4;
Carnet, S. 73/3, S. 74/4.

4 1. Il est en train de regarder un film à la télé. / Il vient de regarder un film à la télé.
2. Il est en train de faire les courses. / Il vient de faire les courses.
3. Elle est en train de téléphoner à ses parents. / Elle vient de téléphoner à ses parents.
4. Elles sont en train de boire quelque chose. / Elles viennent de boire quelque chose.

→ Lies die Repères auf S. 101/4 noch einmal durch.
→ Trainiere mit Hilfe folgender Übungen:
Livre, S. 95/2, S. 96/3, 4, 5, 6;
Carnet, S. 70/3, S. 71/4, 5.

→ Portfolio
Dossier